여군에서 진정한 기업인으로, '건강한 리더' 손인춘의

나는 행복한 바보 경영자

여군에서 진정한 기업인으로, '건강한 리더' 손인춘의

나는 행복한 바보 경영자

지 은 이 | 손인춘
펴 낸 이 | 김원중

기   획 | 김무정
표지·편집 | 선미디어 디자인팀
제   작 | 최은희
펴 낸 곳 | DDK(주)
            도서출판 선미디어

1판 1쇄 | 2001년 10월 31일
1판13쇄 | 2005년 10월 10일

출판등록 | 제2-2576호(1998.5.27)

주   소 | 서울시 마포구 상수동 324-11
우편번호 | 121-160
전   화 | (02) 325-5191(代)
팩   스 | (02) 325-5008

ISBN 89-883-2321-1

값 9,000원

* 이 책의 인세는 전액 미혼모 후원을 위해 쓰여집니다.

여군에서 진정한 기업인으로, '건강한 리더' 손인춘의

나는 행복한 바보 경영자

contents

2부

나는 모든 것을
부모님으로부터 배웠다

contents

$3_부$

바보 경영이
가져다 준 행복

4부
아름다운 세상을 위하여

살아가는 것은 사랑하는 것이다

누군가 말했다. "살아가는 것은 사랑하는 것이다"라고. 살아가다, 와 사랑하다. 어감도 비슷한 두 단어는 마치 한 단어로 여겨져 더욱 공감이 가는 말이다. 곰곰 생각해 보면 사랑하는 것은 우리가 살아가는 과정이라고 할 수 있다.

삶의 의미를 사랑에서 찾는 것이다. 살면서 우리는 끊임없이 무언가 사랑할 대상을 찾는다. 그것이 사람이든, 사물이든, 사랑을 하지 않는 삶은 이미 죽은 것이나 다름없다.

감수성이 예민하고 열정적인 성격을 가진 나는 사랑하는 대상이 참으로 많다. 아이들, 가족, 일, 회사, 직원들, 이웃, 나라. 이처럼 많은 대상들을 사랑하면서 살아가는 즐거움과 행복을 찾는다. 이 모두는 내가 살아가는 데 없어서는 안 될 중요한 존재들이다. 나는 이들과 함께 호흡을 하고, 이들과 함께 부대끼고, 이들과 함께 행복해하면서 살아가고 있다. 때때로 삶이 힘들 때, 외롭다고 느껴질 때, 나는 내가 사랑하는 대상들을 돌아본다. 그리고 그들에게서 위안과 용기를 얻는다. 사랑하는 누군가가 주변에 있다는 것은 든든한 배경이 되기 때문이다.

그 모든 것들 위에 하나님이 계신다. 하나님을 사랑하는 사람들은 모든 것을 사랑하지 않을 수 없다. 그것도 열정적으로. 하나님의 본질이 바로 사랑이기 때문이다.

어릴 적 내 꿈은 건설회사 사장이 되는 것이었다. 언제부터, 무엇 때문에 그런 꿈을 가지게 됐는지 모르지만, 건설회사 사장은 그저 어린 아이의 막연한 장래 희망에 그치지는 않았다. 여군에 있을 때까지만 해도 상당히 구체적으로 진행되었다.

대부분의 여자 아이들이 선생님이나, 간호사가 되고 싶어 했던 것과 비교하면 나는 특이하고 엉뚱한 아이였던 것 같다. 굳이 건설회사 사장은 아니더라도 어쨌든 큰 기업을 경영하는 사장이 되고 싶었던 것이다.

군에서 제대하고 난 뒤 얼마 지나지 않아, 나는 사업을 시작했다. 건설회사 사장은 아니지만, 경영인으로서의 꿈이 실현되는 순간이었다. 그러나 실제로 경영을 해보니, 이론적인 학문으로 배우던 경영하고는 다른 점이 많았다. 아니, 다른 점이 많았다기보다는, 나의 경영이 아직 서툴렀다고 표현하는 것이 더 정확할 것이다.

그러나 여러 번의 사업 실패를 하면서 나는 비로소 경영에 대한 눈을 떴다. 진정한 경영인으로 자리잡는 데까지 많은 수업료를 치른 셈이다. 내 스스로에게 놀라는 것은, 내가 일을 무척 즐겁고 재미있게 하고 있다는 점이다. 심지어 사업 실패와 부도, 이혼 등 인생에서 가장 힘들고 어려운 시기에도 즐겁고 재미있게 일을 했다. 그렇게 하지 않았더라면 나는 실패의 수렁에서 오랫동안 허우적거렸을 듯싶다. 진정으로 일을 사랑하지 않고서는 도저히 그리 할 수 없었을 것이다. 마치 일과 연애하는 심정이었고, 그 덕분에 모든 어려운 상황을 극복해낼 수 있었다. 역경을 헤쳐나온 덕분인지 이제 나는 단단히 잘 여문 씨앗이 된 느낌이다. 아무리 토양이 나빠도 든든히 뿌리내리고, 튼실한 열매를 맺을 자신이 있다.

성경의 잠언 22장에, "자기 사업에 근실한 자는 왕 앞에 선다"는 구절이 있다. 일을 통해 명예와 존경, 존엄성을 동시에 얻을 수 있다는 것이다. 일은 곧 그 사람의 인생이다. 사람은 일을 하면서 자신의 인생을 살아간다. 일 따로 인생 따로가 아니라, 일이 곧 인생인 것이다.

그러므로 나는 내가 원하는 일을 하면서 그 일을 통해 내 인생이 보다 알차고 아름답게 되기를 바랐다. 이런 생각은 일, 곧 인생을 사랑하게 하였고 쓰라린 고통을 달게 받아들일 수 있게 했던 것이다.

그러다 보니 고통의 순간을 견디는 데도 나만의 노하우가 생겼다. 고통을 고통으로 여기지 않았다. 실패의 순간에도 좌절하지 않았다. 실패를 한 뒤에 나는 실패의 원인을 분석해 잘못된 부분을 바로잡아 나갔다. 실패를 하지 않고는 성공을 이룰 수 없다는 것을 나는 많은 실패를 거듭한 후에 깨달았다.

실패라는 연단을 겪으면서 내 정신은 보다 깊어졌고, 내 인생은 보다 넓어졌다고 자부한다. 그런 점에서 나는 실패한 경험을 감사하고 있다.

사업을 시작하면서 나는 왜 기업이 존재해야 하는가에 대한 근본적인 질문을 많이 해 보았다. 자본주의 사회에서의 기업은 영리 추구와 그로 인한 부의 창출 등이 목적이겠지만, 나는 좀더 다른 차원에서 기업 존재 이유를 찾았다. 사랑과 정성과 봉사로 소비자와 사원을 감동시키는 기업, 사회와 국가에 보탬이 되는 기업을 만들어 가는 것이 곧 그것이다.

스물여덟, 어리다면 어린 나이에 창업을 하여, 회사를 꾸려온 지 올해로 17년째로 접어들었다. 처음보다 회사 규모도 많이 커졌고, 식구들도 많이 늘어났다. 외적으로나, 내적으로나 많은 성장을 이룬 것이다. 지금 내가 한 가지 자부하고 있는 것이 있다면 회사를 처음 설립할 때의 초발심을 아직도 가지고 있다는 것이다. 내 경영 이념은 여러 번의 실패를 거듭할수록 더욱 공고해졌다.

사업 규모가 커질수록, 사업이 잘 될수록 나는 보다 겸손해지려고 노력한다. 나 자신을 돌아보면서 그 시점에서 나 자신을 점검해 보는 것이다. 많은 사람들이 나를 성공한 기업인이라고 하지만, 나는 그렇게 생각하지 않는다. 진정한 성공이라는 것이 외형적, 물질적 성공은 아니라는 것을 알기 때문이다. 그런 점에서 본다면 나는 이제 출발선에 서 있는 셈이다.

2001년 10월 손인춘

고통을 어떻게 받아들이냐에 따라

고통의 결과는 다르게 나타난다.

나는 강의를 할 때면

늘 이런 이야기를 자주한다.

고통 속에 있을지라도 항상 긍정적인 사고로

고통을 맞아들이라는 것이다.

$1_{부}$ 세계적 경영자에 도전하다

여군 손인춘, 사업가로 변신하다

6년 간의 여군 생활을 마감하고, 고향으로 내려가는 기차에 몸을 실은 나는 아쉬움과 기대감이 교차하는 감정으로 창밖을 내다보았다. 여군 생활을 더 했더라면 하는 아쉬움은 창밖으로 휙휙 지나가는 풍경들 속으로 던져 버리고, 나는 이내 미래에 대한 기대감으로 잔뜩 들떠 있었다.

무엇을 할 것인가. 머릿속으로 뒤척이는 생각들을 구체적으로 형상화시켰다가 지워버리고, 다시 그리기를 몇 번, 어느새 기차는 고향 마을에 닿아 있었다.

지금도 그때를 생각하면 나는 저절로 웃음이 머금어진다. 군에 있을 때 그 많은 경영 서적을 뒤지며 경영자의 꿈을 키웠던 나는 제대를 하면서 구체적으로 그것을 실현할 방법을 찾았고, 이런저런 사업 구상을 하면서 경영학 공부에 매달렸다. 스물여덟이라는 어리다면 어린 나이에 직장을 다니는 것보다 사업을 하겠다는 야심찬 계획을 세우고 있었던 것이다.

그러나 사업을 시작한다는 내 계획은 뜻하지 않은 결혼으로 미루어지게 되었다. 어느 날, 그렇게 사업 구상에 여념이 없는 나에게 어머니께서 조용히 말씀하셨다.

"인춘아, 이제 혼기가 찼는데 결혼을 해야지. 중매가 들어왔는데 선 한 번 보는 게 어떻겠니?"

어머니는 혼기가 꽉 찬 딸이 시집갈 생각은 않고 사업 구상을 한다고 하니 안쓰러워 보였던 모양인지, 여기저기 중매를 부탁해 두었던 모양이다. 특별히 독신을 고집하지 않았던 나는 선보는 것을 마다하지 않았다, 결국 군 제대 후 6개월 만에 결혼을 하게 되었던 것이다.

결혼한 후에도 나는 기업 경영의 꿈을 버리지 않았다. 결혼을 했다고 해서 능력을 잠재우고 싶지는 않았다.

고등학교 때부터 건설회사 사장이 되고 싶었지만, 당시 능력으로는 벅찬 일이었다. 그래서 내가 잘할 수 있고, 능력에 맞는 일을 찾았다. 문득 꽃 생각이 났다. 군에 있을 때 난 꽃꽂이 강사 자격증을 따놓았던 터였다. 꽃을 좋아하는 내가 하기에는 정말 적격이라는 생각이 들었다.

나는 꽃과 그림을 좋아한다. 꽃과 그림을 좋아하지 않는 사람이 어디 있을까만은, 유난히 좋아하는 편이다. 태생적으로 골격이 큰데다 군 생활을 한 터라 매사에 절도가 있어 사람들은 내가 종종 여성이라는 사실을 잊을 때가 있나 보다. 내가 뜨개질이라도 하고 있으면 "아니 손사장이 뜨개질도 해요?" 하고 의외라며 놀라는 사람들이 많다. 일하는 스타일도 선이 굵은 편이라 더욱 그런지 모른다. 하지만 내면은 아주 섬세한 편이다. 의외로 뜨개질이나 꽃꽂이 등 섬세한 일들을 잘 해낸다. 언니가 결혼할 때 나는 레이스 뜨개로 침대보, 식탁보 등을 만들어 언니에게 선물할 정도였다. 이런 이야기를 하면 주변 사람들이 나답지 않다고 말할 때가 많다. 화원 앞을 지날 때, 작은 들꽃에도 쉽게 마음을 빼앗긴다. 그리고 마음에 들면 사지 않고는 못 배기는 성미다. 꽃과 그림을 좋아하는 것도 이런 섬세한 내면 때문인지도 모른다.

이런 저런 생각 끝에 꽃꽂이 사업이 내게 제격이라는 판단이 들었다. 남편은 내가 사업 이야기를 꺼내자 마침 좋은 아이디어를 냈다. 호텔, 백화점 매장에 크리스마스 트리, 꽃 장식 등 디스플레이를 하는 사업인데, 생화로 디스플레이를 해줄 경우는 관리 대행도 하는 것이었다. 당시로서 획기적인 아이디어였다. 당장 사업자 등록증을 내고 '한국플라워' 라는 회사를 설립했다. 남편이 시아버지와 함께 하던 사업을 그만두고 내 사업에 동참하기로 했다.

막상 사업을 시작하자니 여기저기 돈 들어가는 게 한두 푼이 아니었다. 초기 투입 자본이 만만치 않았다. 사무실을 얻고, 홍보를 하는 일이 다 돈이었다. 6년 동안 군생활을 했지만, 퇴직금은 한푼도 남아있지 않았다. 아는 사람이 급한 소리를 하길래 빌려 주었는데, 그만 받지 못했던 것이다. 지금도 마찬가지지만, 그때도 나는 돈이 필요하다는 사람들에게 아무 조건 없이 잘 빌려주곤 했는데, 받지 못한 돈이 더 많았다. 어려운 상황에 처한 사람들이라 믿고 빌려 주지만 갚지 않는 사람들이 많았다.

"나간 돈은 어떤 방식으로 들어온다. 너무 마음 쓰지 마라."

돈에 대한 이런 아버지의 생각이 내게도 영향을 미쳤는지, 나는 그러려니 하고 지냈다. 그런데 막상 내가 사업을 하려고 하자 자금이 달려 여간 아쉬운 게 아니었다. 그러나 그 사람에게 돈을 받기는 힘들었고, 하는 수 없이 사업 자금은 할머니와 아버지의 도움을 받았다. 빌려 준 퇴직금은 여지껏 받지 못하고 있다.

야심과 열정으로 도전한 '한국플라워'는 얼마 안 가 그 이름이 알려지기 시작했다. 당시로는 미개척 분야인 꽃 디스플레이 사업은 업계에 큰 반향을 불러일으켰다. 십여 명의 직원으로는 일손이 모자랄 정도였다.

첫아이를 임신 중이었던 나는 편히 몸조리를 할 새도 없이 일에 매달렸다. 사업이 번창하는 만큼 몸이 바빠졌다. 숨돌릴 틈도 없었다. 내가 직접 나서 거래처 관리에서 경리일, 자재관리 등을 하느라고 온몸이 퉁퉁 부을 정도였다. 일은 감당할 수 없을 정도로 밀려오는데, 내 건강은 점점 심각해졌다.

나는 점차 회사에 나가지 못하게 되었고, 남편이 책임을 지고 회사일을 도맡았다. 그런데 내가 회사에 나가지 않으니 문제가 이만저만이 아니었다.

남편은 많은 회사일을 혼자 감당하기 힘이 들었는지, 하루는 내게 회사를 정리하자는 말을 했다.

"제법 규모가 큰 건설회사 이사가 한국플라워를 인수하고 싶다더군. 좋은 조건이라는데 당신 생각은 어때?"

나는 한참을 망설였다. 어렵게 시작한 사업이지만, 관리를 못할 바에는 회사를 정리하는 것도 좋을 듯싶었다. 남편에게 회사를 정리하라고 맡기고 난 몸조리에 신경을 썼다.

그러나 그것이 불찰이었다. 계약하는 일에 신경을 쓰지 못하는 사이 건설회사 이사는 계약금으로 5백만 원을 건네고는 서류를 조작해 통째로 회사를 삼킨 것이었다.

뒤늦게 사기를 당한 것을 안 나는 백방으로 사태 수습에 나섰지만 방법이 없었다. 우리에게 사기를 쳤던 그들은 다른 사람들에게 사기를 치다가 발각되어 나중에 구속되었다는 소리를 들었다.

어쨌든 남편은 사태가 그 지경이 되도록 수습할 방법을 찾지 못했고, 결국 아버지에게 가져온 사업 자금은 제쳐두더라도, 고스란히 3천만 원의 빚을 졌다.

장밋빛 꿈으로 물들었던 '한국플라워'는 결국 1년여 만에 문을 닫고 말았다.

창업 보다는 수성

당나라 태종의 훌륭한 정치를 흔히 '정관貞觀의 치治'라고 말한다. 태종대의 연호가 정관인데, 그때의 정치가 훌륭하다는 것을 들어 이른 말이다. 당 태종에게는 오긍이라는 훌륭한 신하가 있었다. 오긍은 당 태종에게 충성심을 결코 드러내지 않는 사람이었다. 오히려 귀에 거슬리는 고언苦言으로 늘 당 태종을 불편하게 하는 존재였다. 그러나 당 태종은 귀에 거슬리는 말을 결코 곡해하지 않았다. 그는 자신의 단점을 이야기해 주는 오긍이라는 신하에 의해 훌륭한 군주의 모습을 갖추어 나갔다. 오긍은 후에 당나라 태종의 업적을 기록한 책을 쓰는 데 이것이 『정관정요』이다. 이 책은 수백 년 동안 군주들의 필독서였고, 현대의 정치인들, 기업인들 사이에도 필독서처럼 읽히고 있다.

『정관정요』에 보면 '창업보다 수성'이 중요하다는 말이 나온다. 나라를 세우는 것보다 지키는 것이 더 어렵다는 뜻이다.

'한국플라워'의 실패는 '창업보다는 수성'이란 말을 실감나게 해주었다. 기업을 시작하는 것은 쉽지만, 유지하고 가꾸어 나가는 것은 무척 어려웠다.

아버지가 대준 사업 자금은 그렇다 치더라도 당시로서는 큰 돈인 3천만 원이라는 큰 빚까지 졌으니 참담한 심정이 되었다.

하지만 나는 그대로 주저앉을 수 없었다. 실패에 대한 큰 부담은 있었지만, 그것이 나의 장애는 되지 못했다. 군 생활에서 극기 훈련을 받을 때, 참고 견디면 언젠가는 달디단 휴식이 있다는 것을 알고 있었기에, 고된 훈련도 인내할 수 있었다.

그렇듯이 비록 실패는 했지만 반드시 성공할 수 있다는 신념이 있었다. 나는 좌절만 하고 있지 않고 실패의 원인을 분석했다.

'한국플라워'는 안 되는 사업체가 아니었다. 오히려 밥 먹을 시간이 없을 정도로 바빴다. 그것이 독이 되었던 것이다. 사업이 잘 되었는데, 관리가 되지 않았던 것이다.

또 하나의 원인은 경영자의 준비 상태였다. 경영자는 능력을 갖춘 전문가, 지식인이이어야 하는데, 나는 준비된 경영자가 아니었다. 또한 오너가 할 일이 따로 있고, 직원들이 할 일이 따로 있다는 것을 절감했다. 나는 경영자면서 경리, 자재관리 등까지 신경을 쓰느라 정작 경영자가 할 일을 놓친 것이다. 직원들에 대한 동기부여, 거래처 관리, 업무 분석 등이 경영자의 할 일인데도 불구하고, 직원들이 할 일을 내가 하고 있었던 것이다.

그때 실패의 경험은 지금 사업하는 데 많은 도움이 되고 있다. 나는 모든 것을 철저히 전문가들에게 맡긴다. 제품 생산은 제품 생산을 가장 잘하는 곳에, 회사 홍보물은 디자인을 가장 잘하는 곳에, 회사 경리 업무는 경리 전문가에게 철저히 맡긴다. 그리고 나는 그들을 잘 관리하는 것이다.

또한 우리 회사 직원들 대부분이 판매 사원이다 보니 한 사람 한 사람이 소규모 경영자이다. 나는 그들에게 많은 소비자를 개척하라고 권하지 않는다. 소비자를 많이 보유하는 것보다 더 중요한 것은 관리이다. 물건을 구매한 소비자가 물건을 제대로 사용하는지, 그것으로 인해 얼마나 도움이 되었는지, 혹시 돈만 낭비했다는 생각은 하지 않는지를 철저히 체크하게 하는 것이다. 특히 우리 회사는 건강 식품이기 때문에 더욱 사후 관리를 철저하게 시킨다. 우리의 식품을 먹은 사람이 건강 상태가 호전되었는지, 어떤 변화가 있었는지를 철저히 관리하게 한다.

우리 회사는 물건 판매가 20%면, 사후 관리가 80%로 이루어진다. 한 사람의 소비자에게 불만이 있어서는 안 되기 때문이다. 때문에 한 사람이 40명 이상 관리하는 것은 자제시킨다. 40명 이상이 되면 소비자의 세밀한 부분까지 체크하기란 힘들기 때문이다. 사후 관리뿐만 아니라 우리 회사 사원들은 그 자신이 리더가 되어야 한다. 물건을 많이 팔아 많은 이익을 남기는 것이 당장은 좋은 일이겠지만, 판매에만 신경을 쓴다면 궁극적으로는 실패할 수밖에 없다. 소비자를 외면한 판매는 있을 수 없기 때문이다. 관리를 하지 않고 판매만 한다면 한쪽에서 소비자가 늘어나는데, 한쪽에서는 불만이 쌓여가게 마련이다. 경영은 돈만 버는 것이 목적이 아니다. 회사, 사원, 소비자가 삼위일체로 행복을 느낄 수 있어야 그것이 진정한 경영인 것이다. 창업보다 수성, 즉 사업을 벌이는 것보다 지키는 것이 중요하다는 당태종의 말은 그래서 더욱 소중하다.

두 번째 도전

철혈재상으로 유명한 프로이센의 비스마르크가 어느 날 친구와 함께 사냥을 갔다. 깊은 숲 속에서 사냥을 하던 비스마르크는 갑자기 친구의 비명 소리를 들었다.

"사람 살려! 사람 살려!"

비스마르크는 얼른 친구의 비명소리가 나는 곳을 찾아보았다. 친구는 깊은 늪에 빠져 헤어나지 못하고 있었다. 늪에 빠져 간절히 구원의 눈길을 보내고 있는 친구에게 비스마르크는 갑자기 총부리를 들이댔다.

"자네, 어차피 혼자 힘으로 못나와 늪에 빠져 죽을 것이니 차라리 내가 죽여 주겠네."

"뭐라고? 살려 주지는 못할망정 나를 죽이겠다고?"

비스마르크의 행동에 배신감을 느낀 친구는 사력을 다해 늪을 헤엄쳐 나오기 시작했다. 어떻게든 살아나가 저 고약한 놈에게 복수를 하겠다는 일념뿐이었다. 겨우 늪을 빠져나온 친구는 쉴 틈도 없이 총부리를 들이대고 있는 비스마르크의 멱살을 잡으며 죽일 듯이 덤볐다.

그러자 비스마르크가 아주 차분하게 말했다.

"친구, 흥분을 가라앉히게. 만일 내가 자네를 살려 주겠다고 늪 속에 뛰어들었다면 우린 둘 다 힘이 빠져 죽었을 걸세. 내가 자네를 죽이겠다고 하니 자네는 나에게 대한 복수심으로 죽을 힘을 다해 살아 나온 게 아닌가. 그러니 이젠 그만 쉬게."

비스마르크의 말을 들은 친구는 그제야 그의 진실을 깨닫고 고마워 했다고 한다.

첫 사업에 실패하고 새로운 사업을 준비하려고 했지만 쉽사리 용기가 나지 않아 머뭇거리고 있을 때였다. 아버지로부터 온 전화 한통은 나에게 새로운 비전과 용기를 주었다.

"돈 빨리 갚아라."

아버지는 이 한 마디만 하시고 전화를 끊으셨다. 아버지로부터 사업 자금을 가져왔지만, 그 돈을 갚아야 된다는 생각을 못한 나는 정신이 번쩍 들었다.

"아버지 돈도 갚아야 하는구나."

아버지의 전화를 받고 나는 비로소 깨달았다. 어쩌면 내 마음 속에는 아버지에게 의지하고자 하는 마음이 은근히 자리잡고 있었는지도 몰랐다. 아버지의 전화는 실패한 딸이 실패의 수렁에 빠지지 않도록 자극을 주기 위한 것이라는 진심을 깨달았다. 마치 비스마르크와 친구의 일화처럼 말이다. 아버지는 다시 한 번 나에게 기회를 주신 거나 마찬가지였다.

나는 첫아이를 출산한 후 아이를 키우면서 몇 개월 동안 열심히 재기를 준비했다. 반드시 재기해 아버지의 돈을 갚아드려야 한다는 생각이 들었다. 그리고 실패한 원인을 분석하고, 다시 경영학 공부에 매달렸다. 한편으로는 내가 무엇을 하면 성공할 수 있을 것인지 고민했다. 그것은 내가 가장 잘 아는 분야의 일을 찾는 것이었다. 그러다 문득 섬광처럼 스쳐지나가는 생각이 있었다. 한의사인 아버지의 도움을 받아 한방 비누 제품을 개발해 보자는 생각이었다. 미용 제품은 시장성도 무궁했다. 피부 트러블이나 기미 등으로 고생하는 사람들을 겨냥한 기능성 한방 비누를 개발하면 충분히 승산 있을 것 같았다.

사업 계획서를 들고 아버지에게 상의를 드리자 아버지께서 흔쾌히 도와 주시겠다고 하셨다. 나는 곧바로 '코리아비바' 라는 회사를 설립했다.

절망의 끝에서 희망을 보다

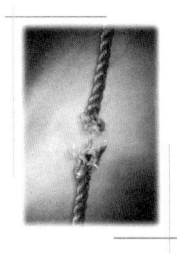

평생 환자를 돌보신 아버지의 노하우를 빌어 만든 기능성 한방 비누를 개발하고 '코리아 비바'를 설립하지만, 사업은 생각만큼 잘 되지 않았다. 마땅한 판로가 없었던 것이다. 어디에다 팔아야 할지 막막했다. 상품을 개발한 지 6개월이 지나도 비누 한 장을 팔지 못하자 경영 압박이 오기 시작했다. 고정 비용은 그대로 들어가는데 매출은 없으니 도무지 견뎌 낼 재간이 없었다. 그러나 한국플라워의 실패를 거듭할 수는 없었다. 한 가지 희망은 아버지가 개발한 기능성 한방비누의 제품에 대한 자신감이 있었기 때문에 언젠가는 성공할 수 있으리라는 확신이 있었다.

판매 부진은 계속되었고, 점점 자신감이 사그라들었다. 한국플라워 실패한 후, 남편은 다시 시아버지가 하는 사업을 돕고 있었고, 코리아

비바는 나 혼자 힘겹게 꾸려 나가고 있었다. 그런 나를 언제나 안타까워하고 있던 언니가 어느 날, 나에게 전화를 하였다.

"얘, 인춘아. 내가 꿈을 꿨는데, 아무래도 네 사업이 잘 될 모양이다. 네 공장에 비누를 사려는 사람들이 몰려들어 미처 포장도 하기 전에 비누가 팔려 나가더라."

언니는 그러면서 희망을 가지라고 용기를 주었다. 동생이 잘 되기를 얼마나 열망했으면 그런 꿈을 꾸었을까 생각하니 눈물이 날 지경이었다.

하지만 언니의 바람처럼 일은 쉽사리 풀리지 않았다. 설상가상으로 어떤 사람은 우리 비누를 팔겠다며 왕창 가지고 가서는 물품 대금을 떼먹고 나타나지 않기도 했다. 처음에는 속상해 안절부절했지만 어릴 때 아버지의 말씀을 떠올리고 마음을 다스렸다.

어릴 때 우리 집은 염전이 있었는데, 멀리 바닷가에 있으니 우리 집에서 관리를 할 수 없어, 그 마을 사람에게 관리를 맡겨 두었다. 아버지가 우리들을 데리고 소금을 가지러 가면 소금 창고에는 우리 염전에서 거두어들일 양의 반밖에 없었다. 관리를 한다는 사람이 소금을 내다 팔았기 때문이었다. 꼼꼼하신 아버지가 그 사실을 모를 리 없었으나 아버지는 그들을 불러 따지거나 책임을 묻지 않았다. 아버지는 염전 관리인의 고되고 어려운 생활을 헤아려 주셨기 때문이다. 일부러라도 어려운 이웃을 도우셨던 아버지였으니, 그들에게도 같은 심정이었던 것 같다.

"나가는 돈에 미련을 갖지 마라. 나간 돈은 반드시 그만큼 들어오기 마련이다. 돈은 돌고 도는 것이다. 나한테서 나가야 다시 들어온다."

아버지는 이런 지론을 갖고 계셨기 때문에 더 그들을 책망하지 않았는지 모른다.

나는 못받은 물품 대금에 대해 더 이상 미련을 갖지 않기로 하고 잊어 버렸다. 거기에 집착하다가 정작 내 일을 제대로 못할 것 같았다. 점점 어려움이 현실적인 문제가 되었다. 경영에 압박이 오기 시작했다.

그러던 어느 날, 언니의 꿈은 현실로 바뀌었다. 사업을 하는 오빠 친구로부터 우리 비누를 1백 박스를 첫 주문 받고부터, 우리 비누에 대한 기능이 입소문을 타기 시작하면서 차차 주문량이 많아지기 시작했다.

기쁨도 잠시, 시련은 예기치 않은 곳에서 느닷없이 찾아왔다. 어느 날 갑자기 은행으로부터 연락이 왔다. 7천만 원의 어음을 막아야 한다는 것이었다. 한국플라워 실패 이후 시아버지와 함께 사업을 하던 남편이 사업이 잘 되지 않자 내 이름으로 어음을 발행해 사용하고는 미처 갚지 않았던 것이다.

쓰지도 않은 돈을 갚기 위해 나는 백방으로 뛰었지만, 어음을 막지 못해 결국 부도를 내고 말았다. 모처럼 사업이 잘 되어가고 있는데, 찬물을 끼얹은 꼴이었다.

남편은 무책임하게도 부도난 어음에 대한 아무런 대책을 세우지 않았고, 심지어는 생계에 대한 걱정조차 하지 않았다. 날마다 빚을 갚기 위해 이리 뛰고 저리 뛰어도 남편은 남의 일인 양 했고, 마치 정신을 딴 데 두고 있는 것 같았다.

아니나 다를까. 내 예감은 적중했다. 남편은 다른 여자를 만나고 있었다. 어음을 부도낸 것도 그 때문이었다. 나는 이중의 고통에 시달렸다. 남편이 진 빚을 갚는 것도 억울한데, 게다가 바람을 피우느라 그랬다니 정말 기막힌 심정이었다. 가슴이 꽉 막힌 것 같은 답답증이 왔다. 둘째아이를 낳은 후 임신 후유증에 시달리던 나는 건강마저 최악의 상태가 되었다.

지금은 담담하게 이야기하지만 당시는 정말 출구가 없는 깊은 동굴 속에 내던져진 느낌이었다.

"나는 사업에 실패를 했다."

나는 남편의 외도에 신경쓸 만큼 정신적 여유가 없었다. 실패를 했다는 사실만이 객관적인 내 현실이었고, 남편이 바람을 피웠고, 내 어음으로 부도를 냈고, 내 건강 상태가 나빠졌고, 하는 등등의 이유는 단지 나의 주관적인 현실일 뿐이었다.

실패를 딛고 일어설 방법을 찾아야만 했다. 어떤 사람들은 남편이 바람을 피우면 죽네 사네 하고 난리를 치는데, 그때 내 심정은 그런 것은 사치스런 감정이라고 여겨지기까지 했다. 죽네 사네 할 정신적 여유조차 내겐 없었기 때문이다. 남편의 사업 문제 등 여러가지 여건이 나빠도 내 사업이 있기 때문에 열심히 앞만 보고 갈 수 있었다.

가장 힘들었던 것은 주위 사람들의 시선이었다. 우리 나라 사람들은 사업에 성공하면 인생에 성공하는 것이고 사업에 실패하면 그 사람의 인생마저 실패한 것으로 본다는 것이다. 사업의 실패자를 인생의 낙오자로 생각해 그 사람이 실패를 딛고 성공을 할 수 있는 기회를 주지 않는 것이다. 격려나 위로보다는 손가락질하고 질타한다. 사업을 실패했다는 이유로 도덕성까지도 의심을 받는 것이다. 때문에 한 번 실패한 사람은 좀체 그 수렁을 빠져나오기 쉽지 않다.

실패한 사람들이 다시 성공하기 힘든 것은 실패한 사람들 본인의 의식에도 원인이 있다. 그들은 스스로 실패로부터 벗어날 생각을 하지 않는다. 누가 자신을 도와 주기만을 바랄 뿐이다. 그러나 실패한 사람에게는 누구도 손을 내밀어 주지 않는다. 실패에서 벗어나는 길은 자기 자신의 노력뿐이다.

나는 하루빨리 실패의 수렁으로부터 벗어나기 위해 노력했다. 더 이상 실의와 좌절 속에 가만히 있을 수만은 없었다. 나는 마음을 추스리고 현재 내가 있는 곳의 위치를 정확히 살펴보았다. 이미 바닥에 닿아 있었다. 더 이상 내려갈 곳이 없는 곳이었다. 그렇다면 나는 이제 올라가기만 하는 것이다. 뒤로 물러설 곳이 없으면 앞으로 나아가면 되는 것이다. 그것이 곧 희망의 빛이기도 했다.

세계적 마케팅 전문가와의 만남

실패와 좌절의 나날들을, 나는 한 그루의 나무처럼 온몸으로 견뎌내고 있었다. 거친 비바람에 견디면서 달디단 열매를 맺기를 기다리는 과실 나무처럼 말이다. 그날도 나는 경영학 책을 보면서 미래의 청사진을 그리고 있었다. 낯선 사람으로부터 전화 한 통이 걸려 왔다.

"동남아마케팅협회입니다. 동남아마케팅협회 회장으로 있는 대만의 토마스 로이 회장님이 손 사장님을 뵙고 싶어합니다. 토마스 로이 회장은 한국에 마케팅 교육을 시킬 사람을 찾는 중에 손 사장님이 적임자라고 판단을 하셨습니다. 저희 동남아마케팅 협회에서는 각 나라마다 한 사람씩 마케팅 분야의 유능한 인재를 키워 내고 있습니다. 한국에서는 손 사장님께서 선택되셨습니다."

전화선을 타고 흘러나오는 이야기를 들으면서 나는 들뜬 가슴을 애써 진정했다. 동남아마케팅협회에서 미래의 마케팅 전문가로 키울 인재로 나를 선택하였다니, 그것은 내겐 최고의 자부심을 심어주었고, 축복이었다. 평생에 한 사람만 잘 만나면 인생이 송두리째 바뀔 수 있다. 아마 일반인은 상상도 못 할 일이다.

토마스 로이는 대만에서는 언론사와 제약회사 등 수 개의 회사를 거느린 경원그룹을 소유한 경제계의 거물급 인사였다. 그런 사람이 마케팅의 노하우를 가르쳐 주겠다고 나를 찾았다는 사실이 너무도 신기했다.

나중에 알고 보니 토마스 로이 소유 회사의 홍콩 지사장은 우리 나라에서 대학을 나온 사람인데, 그가 한국에 들어와 있으면서 당시 내가 경영해 나가는 모습을 지켜본 사실을 토마스 로이 회장에게 보고했고, 마케팅 전문가로 키울 사람으로 나를 낙점한 것이라는 설명을 해주었다. 그들은 거의 1년에 걸쳐 내가 적절한 인물인지를 평가했다고 했다. 귀가 번쩍 뜨이고, 앞이 환하게 밝아지는 느낌이 들었다. 마치 어둡고 긴 터널을 빠져나온 사람이 처음 햇살을 만났을 때의 기분이었다. 그렇지 않아도 나는 사업 실패 이후 군대에서 했던 마케팅 공부를 더 해야겠다는 생각을 하고 있었다.

토마스 로이 회장을 만난 후부터 나는 일본, 중국, 홍콩, 대만 등지를 다니면서 세계적인 마케팅 전문가들을 만나 공부를 하기 시작했다.

프랑스마케팅 컨설팅 회사의 모이스 사장, IBM의 마쓰오 경제 부사장 등과 같은 사람들로부터 경영자 수업을 받았다. 교육 내용은 인재양성, 마케팅, 시스템 관리, 매니지먼트학 등 마케팅에 관한 전문적인 이론들이었다. 처음, 대학에서 경영학을 전공한 나는 별로 새로울 것이 없다는 생각도 했지만, 막상 강의를 들어보니 그것이 아니었다. 그들이 나에게 가르쳐 주는 것은 도서관에 처박혀 있는 죽은 지식이 아니었다. 이론의 토대 위에 오랜 경험과 경륜의 축적인 그들의 경영 노하우는 살아 움직이는 지식 그 자체였다. 그들이 전해주는 것은 지식만이 아니었다. 경영의 지혜가 경전처럼 녹아들었다.

대개 2개월에 한 번씩 두세 명의 수강생을 놓고 교육을 하는데, 1회 교육 기간은 3박 4일에서 5박 6일간이었다. 한 번씩 가면 비행기삯, 호텔비, 교육비 등을 다 지불하자니 비용이 만만치 않았다. 언어도 통하지 않아 통역할 사람을 대동하고 수업을 들어야 했기 때문에 보통 한 번 수업료가 5백만 원에서 1천만 원이나 들었다.

그 돈을 들이면서도 나는 공부에 열성을 보였다. 사업 실패, 남편 외도, 빚더미의 가정 형편, 두 아이의 엄마라는 상황에서 그 열정이 어디서 나왔는지, 지금도 신기할 정도이다. 게다가 나는 코리아비바 도 여전히 운영하고 있었다. 나는 이 모든 상황을 극복해 나가면서 미친듯이 공부를 하러 다녔다.

한 번은 국제 미아가 될 뻔하기도 했다. 강의를 받기 위해 대만으로 향한 나는 그만 마중 나오기로 한 경원그룹 홍콩 지사장과 길이 어긋난 것이다. 영어도 못하는데다 대만어는 더더욱 하지 못했다. 말이 통하지 않는 공항에서 초조하게 손짓발짓까지 해가며 이리저리 사정을 알아보았지만 아무 소용이 없었다. 결국 나는 공항에서 옴짝달싹 못하고 5시간이나 기다린 다음에야 가까스로 홍콩 지사장을 만날 수 있었다.

그렇게 8년을 동안 수억 원의 비용을 감수해야 했다. 그렇게 많은 돈은 아버지가 대주셨다. 사업에는 실패했으나 내가 다시 공부를 하겠다고 하자, 선뜻 학비를 주셨던 것이다.

5년 정도 그렇게 공부하고 나서 나는 경원그룹 회장 소유의 마케팅 컨설팅 회사에서 수업 받은 내용 그대로 일반 리더들 상대로 교육을 실시했다. 그리고 일본, 홍콩 등 동남아 지역의 마케팅 강사로 활동하게 되었다. 한 번 교육을 하면 1백 명 정도 모였는데, 강의료로 시간당 2백~3백 달러 정도 받고 강의했다.

공부를 하는 동안 가장 큰 문제는 아이들 교육이었다. 아직 어린 아이들을 떼어놓고 다니자니 여간 마음이 쓰이는 것이 아니었다. 그러나 엄마가 감싸안고 있다고 해서 반드시 아이들 교육이 제대로 된다고 생각지는 않았다. 나는 우리 아이들에게 아버지가 우리에게 가르치듯 했다.

"너희 인생은 너희 것이고, 엄마 인생은 엄마의 것이다. 너희들이 아직 어리니까 엄마가 클 때까지 도와 주겠다. 크면 너희 스스로 알아서 해야 한다."

"너희들이 이만큼 편안하고 좋은 집에 사는 것을 항상 감사해야 한다. 이만하면 다행이라는 생각으로 살아라."

이런 이야기와 함께 내가 왜 직장에 나가 일을 해야 하는지 설명해 주었다. 아주 어린 아이들이지만, 그런 교육을 통해 자립심을 길러 주었다. 그런 교육 덕분인지 아이들은 내가 직장을 나갈 때 한 번도 가지 말라고 떼를 쓰지 않았다.

이렇게 교육하다 보니 아이들은 정말 자립적으로 잘 자라 주었다. 둘째 민기가 네 살 때 검도장에서 발등을 찍혀 피를 흘리고 들어왔다. 내가 너무 걱정스런 얼굴로 괜찮은지를 물었다.

그랬더니 네 살배기 민기가 "엄마, 이만하면 다행이야." 하며 내가 평소에 하던 말을 꺼내는 게 아닌가. 순간 나는 깜짝 놀랐다. 부모들의 보이지 않는 말과 행동들이 아이들에게 그대로 닮는다는 것을 알았다. 정말 아이들 교육이 얼마나 중요하다는 것을 새삼 깨달은 순간이었다.

그렇게 아이들이 크는 8년 동안 나는 마케팅 공부를 다 마칠 수 있었다.

눈물 젖은 빵

눈물 젖은 빵을 먹어보지 않은 사람은 인생을 말하지 말라는 말이 있다. 고통을 겪고, 고난을 당해 본 사람이 인생의 참맛을 안다는 말이다. 이 말을 뒤집어보면 어느 인생이든 고통이 없는 사람은 없다는 말이기도 하다. 사실 살아가는 동안은 누구나 한 번쯤 시련을 겪기 마련이다. 그러나 고통을 어떻게 받아들이냐에 따라 고통의 결과는 다르게 나타난다. 나는 강의를 할 때면 늘 이런 이야기를 자주한다. 고통 속에 있을지라도 항상 긍정적인 사고로 고통을 맞아들이라는 것이다.

어떤 사람들은 고통을 받아들이는 태도에 따라 등급을 나누기도 한다.

1. 피고避苦─즉 고통을 피하는 것으로 이는 가장 저급의 방법이다.

2. 인고忍苦-고통을 참는 단계이다.

3. 안고安苦-고통을 더 이상 고통으로 생각하지 않는 단계.

　　　　고통 속에서도 편안함을 느낄 수 있는 상태이다.

4. 낙고樂苦-고통도 즐길 수 있는 단계로, 고통도 약이 된다.

　고통을 즐길 정도는 아니었지만, 나는 내가 당면한 고통과 어려움을 피하고 싶지는 않았다. 내 상황을 긍정적으로 받아들이려고 노력했다. 그때 그 눈물겨운 사연을 지금 추억으로 이야기할 수 있는 것은 그러한 고통을 극복했기 때문이지, 사건의 상황 속에 있을 당시에는 고통을 참느니, 즐기느니 할 만한 여유가 없었다.

　연이은 두 번의 사업 실패는 나에게 극심한 경제적 고통을 안겨 주었다. 임신 후유증과 스트레스로 인하여 나는 걸어다니는 종합병원이라고 할 정도로 건강마저 나빠져 있었다. 아이들은 올망졸망 커가는데, 남편은 여전히 밖으로 돌기만 했다. 그래도 나는 사업을 결코 포기하지 않았다. 내가 있는 곳이 바닥이었으니, 이제는 그 바닥으로부터 올라갈 일만 남았다는 현실이 내게는 희망이 되었다.

　물론 내가 아버지에게 사정 이야기를 하면 도움을 주실 터였지만, 아무리 부모 자식간이라고 해도 자존심이 허락지 않았다. 내가 공부하는 비용만 해도 만만치 않은 돈이 들었는데, 회사 경영까지 도와 달라고 할 수는 없었다.

　나는 한 푼이라도 아끼기 위해 임신 후유증으로 인한 신부전증, 심장질환 등으로 퉁퉁 부어오른 몸으로 버스를 타고 출퇴근을 했고, 점심 때는 빵 한 조각으로 끼니를 때우기가 일쑤였다.

뭐니뭐니 해도 가장 마음이 아픈 것은 어린 아이들 문제였다. 갓난 아이 민기는 할머니가 돌봐 준다고 해도 세살배기 보리까지 맡길 수는 없었다. 보리는 집에서 기르면서 이웃 아주머니가 잠깐씩 들여 다 보아 주었다. 내가 출근할 때 잠든 보리 곁에 카스테라를 놓아 두면, 자고 일어난 보리가 배가 고파 울다가 카스테라를 먹고 이웃 아주머니를 기다렸다. 그러니 일을 하러 나가서도 보리 생각에 안절부절 못할 때가 많았다. 하지만 나는 이를 앙다물었다. 여기서 포기할 수 없었다. 나는 빚을 갚아야 했고, 공부를 해야 했고, 회사를 경영해야 했다. 친정 부모님이나 형제들에게 나는 그런 이야기를 하지 않았다. 다만 언니는 내 사정을 알아 기도와 위로를 해주었다.

실패와 고난을 겪으면서 나는 이런 생각을 했다. 사람은 고통을 겪어야만 단단해진다는 것이다. 이는 어쩌면 자연의 섭리와도 같은 것이다. 한 알의 씨앗에서 움이 트고, 자라서 열매맺기까지의 과정을 보더라도 그렇다. 여름날 온갖 비바람을 견딘 식물들은 가을에 달디단 열매를 맺는다. 비에 쓸리고, 바람에 쓰러지면서 죽지 않고 견디면 반드시 열매를 맺는 것이다. 이는 바로 우주의 섭리이다.

혹 지금 실패로 인해 어려움이나 좌절을 겪는 사람들에게 나는 당당하게 말하고 싶다. 포기만 하지 않으면 된다고, 지금의 고통은 언젠가는 결실을 맺을 수 있을 거라고. 이는 막연한 희망이 아니다. 자연의 섭리이다.

성공 마인드부터 가져야 성공한다

어릴 적 아버지께서는 우리들에게 늘 이런 말씀을 하셨다.

"너희들은 커피 한 잔을 마시더라도 허름한 다방에서 마시지 말고 호텔 커피숍에서 마셔라."

대체로 호텔 커피숍에서 커피를 마실 정도라면 어느 정도 매너를 갖춘 사람들일 것이다. 그러다 보니 호텔 커피숍에서 눈살을 찌푸릴 행동을 하는 사람들은 없다. 굳이 구분을 한다면, 그곳은 일반 커피숍 보다는 어느 정도 성공한 사람들이 모이는 곳이라고 할 수 있을 것이다. 아버지는 그들에게 배우라는 것이었다. 할 일 없이 담배나 뻑뻑 피우고 다방 레지들에게 농이나 건네는 사람들이 모이는 허름하고 음침한 다방보다 호텔 커피숍에서 커피를 마시라고 하신 것이다.

마케팅 스승들의 가르침도 아버지와 다르지 않았다.

"성공을 하려면 성공한 사람들의 밥 먹는 것, 화장실까지도 따라 다녀라."

사람은 자기보다 성공한 사람들을 보고 동기 부여를 받는다. 그들을 닮고 싶어한다. 어린 시절 위인전을 읽으며 아이들이 자신의 꿈을 키워나가는 것처럼 말이다.

누구나 성공하기를 희망한다. 행복해지기를 희망한다. 성공의 개념이 반드시 부를 축적한다는 것을 의미하지는 않지만 사람들은 물질적인 풍요도 누리고 싶어한다. 그렇지만 아무나 성공할 수 있는 것도 아니다. 성공의 기회가 오지만 준비를 하지 않으면 그 기회를 잡을 수 없다.

성공을 하려면 먼저 성공 마인드를 가지는 것이 중요하다. 그리고 성공을 위해 실력을 쌓아야 한다. 성공의 기회는 준비된 사람에게만 오는 것이다.

세계적인 마케팅 전문가들을 찾아다니면서 나는 성공을 위한 준비를 차근차근 해나갔다. 능력과 인격을 겸비한 인간이 되기 위해 나는 8년간을 준비한 것이다.

홍콩에서 대만으로, 대만에서 일본으로 마케팅 전문가들이 있는 곳이면 어디든 달려가 경영 공부를 하다 보니 나 자신은 이미 성공의 마인드를 갖게 되었다. 성공한 그들의 모습을 보면서 나는 동기부여를 받았다. 강의를 받으면서 그들과 같이 되고 싶고, 되어야겠다는 생각이 강하게 자리잡았다.

이전에 실패했을 때의 실의와 좌절은 어느새 성공에 대한 비전으로 자리잡아갔다. 커피 한 잔을 마셔도 호텔 커피숍에서 마시라던 아버지의 말씀은 바로 이런 경우를 두고 한 말 같았다. 세계 굴지의 성공한 기업가들을 보면서 나는 인생의 비전과 방향을 바라볼 수 있었다. 그들과 견주어 보니까 분명 나에게는 야망만 있었지 구체적인 비전과 방향이 없었다. 그것이 사업에서 실패한 가장 큰 요인이기도 했다.

나는 마케팅 전문가들의 교육을 받으면서 리더로서, 인간으로서 목표와 꿈을 결정하게 된 것이다. 경영자로서의 면모, 기업인으로서 해야 할 일이 무엇인지 깨달았다. 그것은 바로 어떻게 인격과 능력을 갖춘 리더가 되느냐 하는 것이었다. 단순히 돈만 버는 비즈니스맨이 아니라 제대로 돈을 벌고 제대로 쓸 줄 아는 기업인이 되어야겠다는 꿈을 가졌다.

세계적으로 성공한 사람들의 모델은 다 같았다. 인격과 능력을 겸비했다는 점이다. 다만 자라온 환경이나 부모의 여건에 따라 경영 마인드만 달라질 뿐 그 목표는 인간 중심 경영이었다. 어려서부터 부모님이 남에게 베푸는 것을 늘 보아온 나는 돈을 많이 벌어 남을 도와주어야겠다는 생각을 했다. 이런 생각을 더욱 굳히게 해준 분은 프랑스의 모이스 사장이었다.

IBM 경제 부사장과 경원그룹의 토마스 로이 사장에게서 경영 마인드를 배웠다면 프랑스의 모이스 사장에게서는 인재의 비전에 대해 배웠다. 조직관리 마케팅 관리에 있어 가장 중요한 것은 인간이다. 아무리 컴퓨터가 발달하고 산업의 중심이 사이버상으로 이동하고 있어도 결국 마케팅과 조직 관리는 인간이 하는 것이다. 모이스 사장은 특히 기업의 인재 양성에 대해 강조했다. 능력과 인격을 갖춘 인재를 양성하는 것이 기업의 성공 요인임을 강조했다.

내 스승 프랑스의 모이스 사장은 인간 중심 교육의 중요성을 다음과 같은 말로 강조했다.

1. 리더가 자신이 알고 있는 지식을 가르쳐 주지 않는 것은 직무유기이다.
2. 리더 교육을 함에 있어 999가지를 다 해도 하지 말아야 할 것이 하나 있다. 그것은 포기하는 것이다.
3. 리더 양성이란 헌신, 봉사, 사랑으로 반복해야 한다.
4. 내가 희생해야 다른 사람을 성공시킬 수 있다.

기업의 리더가 아무리 뛰어나다고 해도 밑에서 받쳐 주는 사람이 없으면 그 기업은 발전하기 힘들다. 또 기업에서 아무리 훌륭한 인재를 채용했다고 해도 인재의 능력을 길러 주지 않으면 더 이상의 발전은 없다.

사원이 기업의 소모품이 되지 않도록 그들에게 능력과 인격을 배양해주는 것이 바로 기업이 발전하는 지름길이다. 기업도 살고 사원들도 함께 발전하는 것이다.

나는 이런 생각을 이념으로 삼고 기업을 어떻게 가꾸어 나갈 것인가를 생각했다. 그것은 윈윈 전략이었다. 리더 교육을 받으면서 나는 단 한 번 스티브 코비 박사의 강의를 들을 기회가 있었는데, 윈윈 전략에 관한 것이었다.

당시 나는 윈윈전략의 개념을 잘 이해하지 못했지만, 이제는 내 기업 경영의 이념이 되었다. 기술, 자본, 소비자, 사원이 기업의 성과를 공유하는 것이 바로 윈윈이다. 그러나 윈윈은 무엇보다도 오너의 마인드가 되어 있어야 했다. 인격과 능력과 책임감이 없으면 윈윈은 공염불이다.

성과를 공유하려면 오너는 욕심을 가져서는 안 된다. 사원은 단순히 월급날 월급받아 가는 월급쟁이가 되어서는 안 된다. 서로의 입장을 바꾸어 놓고 생각을 할 수 있어야 한다. 윈윈을 위해서는 모두에게 인격과 능력을 겸비하도록 훈련하는 것이 바로 기업의 몫이다.

이렇게 나는 세계적인 마케팅 전문가들을 만나면서 기업의 이념, 목표, 내 인생의 꿈을 결정했던 것이다.

알면서도 가르쳐 주지 않는 것이 가장 큰 죄다

프랑스의 모이스 사장이 나에게 물었다.

"손 사장. 세상에서 가장 큰 죄가 무엇이라고 생각하시오?"

나는 그 물음에 대답을 할 수 없었다. 살인이나, 강도일까, 생각하는 순간 그가 다시 말했다.

"살인, 강도가 가장 큰 죄일까요? 아닙니다. 세상에서 가장 큰 죄는 알면서도 가르쳐 주지 않는 것입니다."

불치하문不恥下問. 공자는 모르는 것을 아랫사람에게 묻는 것을 부끄러움이나 죄가 아니라고 했지만, 아는 것을 가르쳐 주지 않는 것이 가장 큰 죄라는 모이스 사장의 말 한 마디는 섬광처럼 내 머리를 스치고 지나갔다. 내 상식의 틀을 깨는 것 같았다.

내가 알고 있는 것은 나만의 지식이나 정보로 가지고 있었지, 내가 알고 있는 것을 남과 나눈다는 생각은 조금도 하지 않았다. 어떤 지식이나 정보를 어느 한 사람만 가지고 있다면 그 지식이나 정보는 아무 소용이 없는 것이다. 지식이나 정보는 공유할 때 비로소 생명력을 갖게 되는 것이다.

모이스 사장의 말은 나에게 커다란 변화를 가져왔다. 그것은 이제까지 개인 손인춘에서 공인 손인춘으로 다시 태어나는 계기가 된 것이다. 마케팅 전문가들로부터 배운 전문 지식을 나만 가지고 사업을 할 것이 아니라 많은 사람들과 공유해야겠다는 결심을 하였다. 그들에게 배운 많은 것들을 가지고 나만 성공할 것이 아니라 다른 사람도 성공하도록 만들어야 한다는 일종의 사명감도 들었다.

나는 그 길로 '코리아 비바'를 재정립했다. 그들로부터 전수받은 인성 교육, 리더십 교육의 노하우를 많은 사람들에게 전할 수 있는 컨설팅 전문 회사로 거듭난 것이다.

나는 그때부터 전문 컨설팅 강사로 많은 기업체에서 강의를 하기 시작했고, 아울러 우리 직원들에게 세계적인 마케팅 전문가들로부터 배운 리더 교육을 함께 시작했다. 사실 비누 한 장을 더 파는 것보다 리더 양성 교육이 더 중요하다고 생각했다. 매출보다 더 중요한 것은 기업 구성원의 마인드라는 생각 때문이었다. 회사의 직원들을 실력과 능력을 갖춘 리더로 훈련을 시키는 것이 더 중요했다.

내가 배운 전문 지식을 다른 사람들과 공유함으로써 우리 나라에 건전한 기업 풍토를 심어 주자는 것이 중요한 목적이었다. 나는 제대로 된 기업인 하나가 수십만 명에게 행복을 나누어 줄 수 있다고 믿고 있었다.

한 사람의 리더는 많은 사람들을 변화시킬 수 있다. 한 개인이 변화되면 그들의 가정이 변화되고, 그들과 연관된 모든 것이 바뀌고, 기업의 문화가 변화되면 나아가서는 사회 전체에 변화가 오는 것이다. 한 사람의 리더는 자신뿐만 아니라 사회 전체를 발전시키는 것이다.

처음에 직원들은 교육을 하는 것에 대해 불만이 많았다. 하지만 자신들이 점점 변화되어 가는 것을 느끼고서부터는 달라지기 시작했다. 우리 기업이 발전해 나가는 것을 보면서 리더 양성 교육의 사명감마저 느껴졌다. 이제부터는 기업을 운영하는 목적이 단순히 돈을 벌기 위한 것이 아니었다. 기업을 잘 운영한다는 것은 나를 위한 일이고 직원들을 위한 일이다. 이는 또한 나라를 위하는 일이고 동시에 이웃을 위한 일이다. 기업 경영을 잘하는 것만으로도 많은 사람들과 행복을 나눌 수 있는 것이다.

리더 교육을 하면서 나는 세계적인 마케팅 전문가들에게 배운 이론을 현실로, 그리고 나의 경영 철학으로 만들어 나갔다.

나는 지금도 우리 회사 임원들을 상대로 마케팅 교육과 리더 교육을 하고 있다. 처음 우리 회사에 오는 사람들은 리더 교육을 무조건 통과해야 한다. 처음에는 그것을 힘들어하는 사람들도 어느새 변화되는 자신을 보고는 이 교육에 적극적으로 동참하게 되었다.

사랑과 정성으로 봉사하는 기업

우리 나라와 같은 기업 풍토에서 국가와 민족을 위해 기업 경영을 한다면 모두 공허한 메아리로 들릴 것이다. 그도 그럴 것이 지금까지 우리 나라의 기업 관행이 그런 불신을 몰고 왔기 때문이다.

정권과 유착해 부정부패를 일삼고, 회계 장부를 조작해 기업 경영을 불투명하게 하고, 기업이 오너 개인의 소유인 것으로 착각하고 기업의 돈을 빼돌려 사유 재산화하는 것이 다반사였다. 이런 일들은 그야말로 관행이어서 무엇이 잘못되었는지조차 모를 정도이다. 기업인들 대부분의 의식이 '내 회사 돈 내가 쓰는데 무슨 상관인가' 하는 풍토가 만연해 있는 편이었다.

그러나 이런 관행들은 IMF 사태를 맞고서야 비로소 그 심각성이 드러났다. IMF 사태를 불러오는 데 결정적인 역할을 한 한보사태와 기아자동차 사태는 우리의 잘못된 기업 관행이 어떻게 국가적인 위기를 불러오게 했는지 극명하게 보여 준 사건이었다.

기업을 하는 사람은 이미 개인이 아니다. 공인이 되는 것이다. 때문에 기업 운영은 국가와 국민의 존폐에 심각한 영향을 미친다는 것을 깨달아야 한다.

컨설팅 업체와 겸해 건강식품을 생산 판매하던 '코리아 비바'는 컨설팅 중심에서 건강식품과 화장품을 중심으로 업종 전환을 하였고, '인성내츄럴'로 상호를 변경했다. 건강 전문 회사와 리더 양성 회사로, 모든 경영이 인간 중심으로 바로 설 수 있는 기업으로 새롭게 태어난 것이다. 투명한 경영으로 국가에 이익이 되는 기업, 사원들이 행복한 기업, 소비자에게 유익한 기업을 일구는 것이 내 기업 경영의 원칙이었다. 나만 돈벌어 잘 사는 것이 목표가 아니었다. 모두가 인성내츄럴을 통해 행복해지는 것이 목표였다. 나는 이와 같은 기업 정신으로 두 가지 모토를 설정했다.

1. 기업, 사원, 소비자가 함께 공유하는 기업
2. 사랑과 정성으로 봉사하는 기업
3. 환경운동에 앞장서는 기업

기업을 농부에 비유하면 사원은 농기구이다. 소비자는 농터이다. 기업이 살기 위해서는 좋은 농기구로 농터를 기름지게 가꾸어야 한다. 농기구과 농터가 없는 농부는 아무 의미가 없다. 농부는 농사를 짓기 위해 농기구를 잘 연마시키고, 농터를 기름지게 해야 한다. 그렇지 않고는 수확을 거둘 수 없는 것이다. 이것이 바로 윈윈 전략이다.

요즘 들어 윈윈 전략이 새로운 기업 전략으로 부상하고 있다. 윈윈 전략은 애초에는 1993년 미국이 국지전에 대비해 세운 군사 전략이었다. 세계의 두 지역에서 동시에 전쟁이 발발할 경우 두 지역 모두에서 동시에 승리를 도모한다는 전략이었다. 이를 각 기업에서 소비자, 사원, 기업 모두가 사는 경영전략으로 채택한 것이다. 나는 이 윈윈 전략을 이미 10년 전 세계적인 마케팅 전문가들에게 익히 배운 바 있어, 기업 설립 초기부터 그것을 경영의 이념으로 삼았다.

인성내츄럴은 국민 건강을 위한 회사이다. 그런 만큼 정직하고 성실하게 하지 않으면 안 된다. 건강 전문 회사를 하게 된 것은 나 자신이 온갖 질병의 고통에서 기적처럼 벗어난 후, 건강의 소중함을 절실히 깨달은 때문이었다. 죽을 것 같은 질병의 고통에서 해방된 나로서는 질병으로 고통받고 있는 많은 사람들에게 용기와 희망을 주어야 한다는 일말의 책임감도 들었다.

우리의 몸은 한 부분에 문제가 생기면 온몸이 균형을 잃고 만다. 마치 차곡차곡 쌓아 둔 탑이 어느 한 구석에서 균형을 잃으면 모두 무너져내리는 것과 같다. 서양 의학에서 간이 좋지 않으면 간에 대한 치료만 하는데, 동양 의학에서는 관련 기관을 모두 함께 치료한다. 그래서 동양 의학이 회복이 좀 더딘 것 같지만 실제로는 전체의 균형을 잡아주기 때문에 훨씬 장기적 안목의 치료라고 할 수 있다.

나는 아버지의 한의술에 도움을 받아 이러한 동양 의학의 원리를 제품에 도입했다. 건강 식품을 먹더라도 어느 한 곳만 좋아지는 것을 먹으면, 이는 또다른 불균형을 가져오는 것이다. 몸의 건강 균형을 골고루 잡아 주고, 자연 치유력을 높여 주는 자연 식품을 개발하고 내가 먼저 먹기 시작했다. 얼마 지나지 않아 식품의 효과가 나기 시작했다. 나는 육체적으로 건강을 다시 찾았고, 정신 건강도 회복되었다.

직접 먹어 보고 효과를 본 나는 본격적으로 상품화하였고, 이미지에 맞게 회사명도 인성내츄럴로 정한 것이다. 제품 생산의 기본 정신은 국민의 건강을 돌보는 제품, 환경을 생각하는 제품이었다. 그러자면 철저한 품질 관리와 생산 관리를 하지 않으면 안 되었다. 제품의 원료를 공급하는 농장에서부터 캡슐 하나까지 최고의 기술과 원료를 사용하였다. 생산 비용이 만만치 않았다. 그렇지만 국민 건강을 위해 꼭 필요하다는 신념으로 제품 생산을 한 것이다.

건강 식품은 정직과 신뢰가 곧 생명이다. 건강과 생명을 담보로 하기 때문에 생산자의 철학이 올곧고 분명해야 한다. 이는 단지 돈을 벌기 위한 수단으로만 이용해서는 안 된다.

나는 우리 기업을 통해 나 자신은 물론이고, 사원, 소비자가 함께 행복해지는 것을 목표로 삼았다. 우리 기업을 통해 많은 사람들이 정신과 육체가 건강해지고, 책임과 의무를 다하는 인격과 능력을 갖춘 리더들이 많이 양성됨으로써 개인의 변화는 물론, 가정과 사회가 밝아지고, 국가의 발전으로 이어지게 되는 것이다. 그것이 곧 국가와 국민을 위한 것이 아니고 무엇이겠는가.

건강도 잃고, 삶의 의욕도 잃고

군인 출신인데다 키가 키고 골격이 있으니 사람들은 나를 보고 무척 건강해 보인다고 한다. 하지만 나는 어릴 적부터 종합 병동이라고 할 정도로 병치레를 많이 했다. 아버지가 한의사가 아니었고, 가사가 어려웠다면 지금쯤 난 어떻게 되었을지도 모른다.

초등학교 들어갈 무렵의 일이다. 갑자기 다리가 아프기 시작했는데, 얼마나 아픈지 구부리지 못할 정도였다. 그때는 병명을 알지 못했는데, 지금 생각하면 소아마비 초기 증상이었던 것 같다. 다리를 제대로 구부리지 못하니 앉지도 못하고 서지도 못했다. 그때 시골에는 화장실이 전부 재래식이라 혼자 화장실에 가서 용변을 보기도 힘들었다. 물론 학교에도 갈 수 없었다. 아버지는 그런 나를 위해 읍내에 가서 양변기를 사다가 설치를 해주셨고, 날마다 침을 놓고 약을 지어 주셨다. 그렇게 한 일 년쯤 앓았을까. 서서히 다리가 나았고, 이듬해 학교에 간신히 들어갔다.

초등학교에 입학해서도 잔병이 떠날 날이 없었다. 하루는 학교 갔다 돌아오는 길이었다. 갑자기 아이들이 내 얼굴을 보고 하얗게 질리더니 큰 소리로 외쳤다.

"인춘아! 큰일났다. 너 빨리 거울 좀 봐!"

"왜?"

"글쎄, 빨리 거울 꺼내서 보라니까!"

아이들의 목소리에 겁이 잔뜩 질린 나는 얼른 손거울을 꺼내 들고 얼굴을 들여다 보았다. 그랬더니 눈 한쪽에 실핏줄이 터져 피가 흐르고 있었다. 놀란 나는 숨도 쉬지 않고 곧장 아버지에게로 달려갔다.

아버지께서는 침착하게 내 머리 여러 군데를 손으로 눌러 보시고는 큰 대침을 다섯 대 정도 찌르셨다. 그러고 나니 피가 딱 멈추었다.

6학년 때부터는 허리가 아프기 시작했는데, 그게 중학교에 가서 생리를 시작하니까 상태가 더 나빠졌다. 혈과 기의 순환이 좋지 않으니까 노폐물이 몸 안에 쌓였기 때문이다. 또 읍내에서 학교를 다니기 위해 자취를 하고 있었는데, 툭 하면 위염을 일으켰다.

고등학교에 들어가서는 가슴에 통증이 심해져 가슴 밑이 마치 쥐가 나듯 했다. 한 번 통증이 시작되면 숨을 제대로 쉴 수 없을 정도였다.

그렇게 건강이 좋지 않았으니 부모님께서는 그저 건강하기만을 바랄 뿐 공부를 잘 하는 것은 바라지도 않았다. 나도 건강이 이렇다 보니 제대로 공부를 할 수도 없었다.

여군에 지원했을 때 나는 간신히 면접을 통과했다. 건강이 좋지 않다고 해도 눈에 보이는 것은 아니었던 것이다.

그렇게 건강하지 못하던 내가 군대에서 규칙적인 생활을 하고 훈련을 받자 조금 회복되는 듯 싶었다. 그리고 여군이라 그렇게 고된 훈련을 받는 것이 아니어서 다소 아파도 견딜 수 있었다.

나는 체질이 좀 특이했다. 마취가 되지 않는 것이었다. 어머니께서도 마취가 잘 되는 체질이 아닌데, 어머니는 건강해서 별 문제 없었지만 나는 사정이 달랐다. 군에 있을 때 사랑니가 몹시 아파 이를 빼려고 병원을 찾았다. 마취를 아무리 시켜도 마취가 되지 않는 것이었다. 마취 기구만 입에 넣으면 비위가 상해 심한 구역질이 나고, 그것 때문에 마취가 금방 깨곤 했다. 30분 동안 세 번이나 마취를 시키려고 했지만 결국은 실패하고 말았다.

이처럼 걸어 다니는 종합병동이라고 할 정도로 건강이 나빴고, 아버지가 치료를 해준다고 해도 늘 병원 신세를 져야 했다.

건강이 본격적으로 나빠진 것은 결혼한 후였다. 군 생활에서 조금 회복하는가 싶더니 결혼 생활이 힘들어지면서 최악의 상태가 되었다. 신경을 쓰니까 신부전증, 갑상선 등으로 몸이 붓기 시작하는데, 어느 날은 내가 나를 알아보지 못할 정도가 되었다. 혈액 순환이 되지 않으니까 병이 점점 악화되기 시작했다.

홍콩과 대만으로 마케팅 공부를 하러 다닐 때는, 비행기에 타면 귀가 찢어질 정도로 통증이 왔다. 비위가 상해 아무 식당에 가서 밥을 먹지 못할 정도여서 늘 호텔 식당을 이용했다. 그 때문에 사정을 모르는 사람들에게 건방지다는 오해도 많이 받았다.

몸무게가 72킬로그램까지 나갈 정도로 몸은 불었고, 그러다 보니 건강이 더 나빠져 악순환이 계속되었다. 30대 후반에 88사이즈 옷을 입어야 했으니 어느 정도인지 짐작을 할 것이다. 그렇게 건강이 좋지 않아도 나는 조금도 쉴 수 없었다. 남편이 사업을 한답시고 내 이름으로 어음을 발행해 써버린 것이 고스란히 빚이 되었던 것이다. 빚을 갚기 위해 나는 하루도 쉴 수 없이 일을 하러 다녀야 했다. 몸이 아파도 하루쯤 편히 쉬면서 잠을 잘 수 없었다.

이렇게 건강이 나쁘니까 돈도 다 나가 버리고, 삶의 의욕마저 잃어버릴 정도였다. 다행이 자포자기 하지 않은 것은 부모님과 형제들의 보살핌 덕분이었다.

건강을 잃으면 모든 것을 잃는다는 격언은 나에게는 정말 소중한 진리였다. 내가 건강 식품 사업을 하게 된 것은 내가 건강을 잃고 절망 속에서 헤매 본 적이 있기 때문에 건강이 얼마나 소중한지를 알기 때문이다.

아버지의 죽음, 그리고 이혼

인간은 나약한 존재이다. 불완전한 존재이다. 때문에 어떤 위치에 있든 인간은 무엇엔가 의지를 하고 싶어한다. 어떤 사람은 물질에 의지하면서 위로를 받으려고 하고, 어떤 사람은 사람에 의지하면서 정신적 위안을 얻는다. 그렇게 하고 나면 일시적으로 위로를 받지만, 어느 시기가 지나면 또 다시 불안에 쌓이게 마련이다. 물질이나 사람은 변화하는 것들이다. 물질은 항상 쌓여 있는 것이 아니고, 사람의 사랑은 변질되기 십상이다. 때문에 많은 사람들이 보다 안전한 의지처를 찾게 되는 데 그것이 신앙이다.

우리 집안은 5대째 독실한 불교 집안이었다. 불교 신앙이 뿌리 깊었던 부모님들은 부처의 말씀이 곧 진리였다. 부모님들은 어려운 사람을 돌보고 이웃을 사랑하는 것을 실천함으로써 부처의 가르침을 실천했다.

집안의 분위기가 이렇다 보니 나도 자연스레 불교에 심취하게 되었다. 군생활을 할 때 몸이 힘들거나 아플 때는 법당을 자주 찾았고, 확고한 믿음이 있었다.

그러던 내가 하나님을 처음 만난 것은 언니로부터였다. 기독교 집안으로 시집간 언니는 교회를 다니기 시작하면서 우리들에게 복음을 전하기 시작했다. 언니는 아버지의 가르침과 기독교 정신을 접목시켜 언제나 이웃을 돕는 삶을 실천하며 살았다. 언니의 영향으로 교회에 다니기 시작했으나 신앙적인 믿음은 깊지 못했다. 1992년 사업을 하면서 나는 기독실업인회에 가입도 하고 대외적인 활동도 했지만, 신앙보다는 생활에 더 골몰해 있었다.

1997년 6월, 내게 감당하지 못할 슬픔이 닥쳤다. 그간 사업에 실패도 해보고 좌절도 해보았지만, 그것이 나의 앞길을 가로막는 장애가 되지 못했다. 진취적이고 적극적인 사고 방식을 가진 나는 어려움을 달게 받아들였다. 사실 그렇게 할 수 있었던 것은 아버지가 뒤에서 든든한 버팀목이 되어 주었기 때문이다. 아버지가 계신다는 것 자체가 나에게는 큰 배경이었다. 그런 아버지가 고향 마을의 지역개발회의 참석차 가시다가 교통 사고로 돌아가신 것이다.

사고가 있기 전날, 아버지는 동네 어른들을 모시고 2박3일간 제주도 여행을 다녀오셨다. 그 여행은 아버지가 모든 경비를 부담해 마련한 노인 경로 잔치 행사였다. 아직 여독이 풀리지 않아 피곤한 상태였지만, 아버지는 마을의 일이라 거절하지 못하고 운전을 하고 가시다 그만 사고를 당하신 것이었다. 아버지는 장이 파열돼 사고난 지 1시간만에 눈을 감으셨다.

하늘이 무너지는 느낌이 바로 그런 것일까. 둔중한 망치로 뒤통수를 얻어맞은 듯 멍했다. 슬픔이 너무 크면 슬픔을 느낄 수 없다고 했던가. 아무런 느낌도 들지 않았고, 아무런 생각도 할 수 없었다.

풍수지탄風樹之嘆이라고 했던가. 나무가 조용히 지내고자 하나 바람이 가만 두지 않고, 자식이 부모에게 효도를 하고자 하여도 부모가 기다려주지 않는다는 옛 사람들의 말 그대로였다.

나는 우리 여섯 형제 중에서 아버지를 가장 힘들게 한 자식이었다. 사업을 한다고 늘 애면글면하여 아버지의 애를 태웠고, 가정적으로도 남편의 외도로 바람잘 날 없는 모습만 보여 드렸다. 게다가 건강까지 나빠 아버지의 애를 태웠으니, 이만큼 부모의 속을 썩힌 자식도 없었다. 다른 형제들은 모두 안정적인 생활을 하였으나, 나는 늘 애물단지처럼 아버지에게 정신적 고통만 안겨 드렸던 것이다.

이제 내가 효도를 하려고 해도 아버지는 더 이상 내 곁에 계시지 않았다. 아버지의 한 평생은 남을 위해 봉사하는 삶, 그 자체였다. 돌아가는 날까지도 그랬다. 한의사 생활을 하면서 가난하고 어려운 사람들을 돌봐 주셨고, 이웃을 위한 정신적 물질적 희생도 기꺼이 하신 분이었다. 어느 해 겨울에는 배가 침몰해 표류하다 바닷가로 떠밀려 온 18명의 선원들의 목숨을 구해 준 일도 있었다. 아버지는 평범한 분이었으나 비범한 삶을 살고 가셨다고 자부한다.

아버지의 빈 자리는 너무 컸다. 모든 일이 허황된 것 같았다. 아버지를 여읜 슬픔은 마음속에 커다란 빈 집 한 채를 지어놓은 듯했다.

아버지가 돌아가신 후, 아직 아버지의 따스한 체온이 채 가시지 않은 듯 내 가슴에 잔잔히 남아 있을 때, 나는 또 한 번 쓰라린 고통을 겪어야 했다. 이혼이었다. 남편의 계속되는 외도는 결혼 생활을 더 이상 유지할 수 없을 정도였다. 남편과 나의 관계는 다 허물어져 가는 담벼락에 곧 부러질 것 같은 지지대 하나를 받쳐 놓은 듯 언제나 아슬아슬했다. 외도뿐만 아니었다. 남편은 여전히 돈 문제로 나를 괴롭혔다.

아버지의 장례를 치른 후 오빠는 내게 심각하게 말했다.

"인춘아, 내 너와 네 남편을 쭉 지켜 보았다. 난 이제 더 이상 네가 결혼 생활을 유지하는 게 아무 의미가 없다고 생각한다. 그 집에 대해 너는 너무나 많은 희생을 했다. 그만 하면 충분히 했고, 너 또한 충분히 아팠다. 더 이상 있다가는 아무래도 너마저 잘못될 것 같아 내가 더는 안 되겠다."

결혼 10년, 아이가 둘이었다. 나도 진작에 결혼 생활이 끝이 났다는 것을 알았지만, 이혼이 쉬운 일이 아니었다. 그러나 오빠는 단호했고, 우리 가족 누구도 내가 더 이상 결혼 생활을 하는 것을 원치 않았다. 나는 아이 둘을 맡아 기르기로 하고 결국 이혼을 했다.

웅숭깊은 소용돌이를 거쳐온 느낌이었다. 숨막힐 것 같은 힘든 고비를 넘겼기 때문에 안도감을 느낄 것 같았으나, 허탈했다. 허탈함을 극복하기 위해 일에 매달렸으나 쉽게 극복되지 않았다.

그러던 어느날, 기독실업인회 회원으로 평소 친분이 있던 치과의사인 김의환 집사께서 나를 수서 교회로 인도했다. 진작에 언니로부터 전도를 받았지만 나는 껍데기뿐인 신자였다. 그러나 그분을 따라 수서교회에서 설교를 들은 나는 부모님의 교육과 마케팅을 가르쳐 준 스승들의 교육이 모두 성경 안에 있다는 것을 알게 되었다. 그때부터 나는 교회에 다니기 시작했고 영적인 체험을 하게 되었다.

꿈이었다. 잠을 자고 있다가 일어난 나는 누워 있는 나를 보게 되었다. 누워 있는 내 배가 직사각형으로 드러내지더니 그 속이 하얀 무엇이 채워졌다. 꿈에서 깨어났다. 묘한 느낌이 들었다. 마치 내가 새로 태어난 것 같은 생각이 들 정도였다. 나중에 꿈 이야기를 언니에게 했더니, 언니는 내가 영적으로 새로 태어났다는 것을 암시하는 꿈이라는 이야기를 했다. 나는 그때부터 하나님과 새로운 인생살이를 시작하게 되었다.

나는 아버지가 유산처럼 남겨 주신 식품을 먹고 차차 건강도 되찾았다. 아버지께서 돌아가시고 연이은 이혼으로 고통을 겪던 내 영혼은 평안함을 되찾았다.

하루는 기도 중에 이런 음성을 들었다.

"내가 너와 함께 하느니라. 너와 함께 하는 자에게 모든 축복을 주겠노라."

신비한 체험도 했다. 식품을 개발할 때 원료를 무엇을 써야 할지 고민하고 있으면, 기도할 때 그 원료를 보여 주고, 채취하는 방법까지 보여 주는 것이었다. 그때부터 나는 소명 의식을 느꼈다. 하나님이 역사하심을 알고 기업 경영과 신상품 개발에 자신있게 박차를 가했다.

돌이켜 보면 제품이 개발되고 상품화되기까지 과정은 하나님이 나를 당신의 도구로 쓰기 위해 예비하셨다는 생각을 떨쳐 버릴 수 없다. 창세기에 보면 하나님께서 야곱의 아들 요셉을 당신의 종으로 쓰시기 위해 끊임없는 시련을 주셨다. 요셉이 다른 것에 의지하지 않고 온전히 하나님에게 의지하고 믿을 수 있도록 그를 형제들로부터 버림을 받게 만들고, 애굽의 땅에서 노예 생활을 하게 하고, 감옥 생활을 하게 하였다. 그런 시련 과정을 통해 요셉은 흔들림 없는 믿음의 아들로 다시 태어난 것이다.

건강식품 사업을 하기 전까지 나는 온갖 병치레를 다 하였다. 몸이 아픈 나는 아버지가 지어주신 한방 약으로 건강을 회복하면서, 그것을 상품화시켰고, 그것이 지금의 인성이 있게 된 동기가 되었다. 건강이 나빠서 약을 먹게 되었고, 내가 낫게 되니까 그 좋은 것을 다른 사람들의 건강을 구제하는 데 쓰이면 좋겠다는 소명 의식이 생겼다. 그것을 상품화한 것이 지금 우리 회사의 제품들이다.

내가 건강을 잃어 보았기 때문에 건강의 소중함을 알게 되었고, 건강을 중심으로 일을 하라고 하나님께서 나에게 그런 질병의 고통을 주신 것 같은 생각이 든다. 아울러 좋은 식품을 먹고 체험하게 하고 낫게 하신 것 같다.

상품 개발은 아버지의 도움이 컸다. 의술로써 질병 치료에 평생을 바친 아버지는 과거로부터 전해 내려오는 민간요법에서부터 각종 한의 처방 등의 노하우를 가지고 있었다. 그 노하우가 상품 개발에 적극 활용된 것이다.

내가 질병으로 고생을 하였기 때문에 건강 식품이라는 것이 얼마나 소중하게 만들어져야 한다는 것을 알고 있다. 건강 식품의 원료는 다 자연에서 얻어지는 것이다. 농약이나 일체의 약품 처리없이 유기농으로 재배하고 혹시 이물질 같은 것이 들어갈새라 제조 과정에서 위생 처리 등을 철저히 관리하고 점검한다.

사람들의 건강을 되찾아 주자는 사업이기 때문에 더욱 정직하고 성실하게 해야 하는 것이다. 가장 좋은 방법은 하나님의 뜻에 거스르지 않는 것이다.

지금 나는 하나님의 사랑 아래, 내가 사랑하는 대상들과 함께 살아간다는 것이 너무나 감사하다. 하나님이 내 삶의 중심이 되어 나를 인도해 주신다고 생각하니, 가장 든든한 배경이 아닐 수 없다. 어느 날, 문득 내 곁에 다가온 하나님은 마치 스폰지에 물이 조금씩 스며들어가듯이 서서히 내 삶에 스며들어왔고, 아무것도 없던 나에게 모든 것을 주셨다. 나는 하나님의 사랑 아래 열심히 일하고 사랑을 한다.

하나님의 길을 따라 열심히 살다 보니 매순간 하나님의 축복을 느끼면서, 수시로 하나님 앞에 영광 돌리며 살아가고 있다. 나는 우리 회사가 하나님의 약속을 실천에 옮길 수 있는 현장으로 만들어 가고 있다. 믿지 않는 사람들을 믿게 하는 전도의 현장, 주님의 이적을 체험할 수 있는 상품, 믿는 사람들이 본을 보일 수 있도록 부지런하게 돈을 벌어 봉사하고 구제하는 현장으로 쓰이는 기업이 되는 것이다.

내가 하는 일이 하나님의 뜻에 어긋남이 있을까 언제나 조심스럽게 나를 돌아본다.

"야훼를 두려워하여 섬기는 것이 지혜의 근본이요, 거룩하신 이를

깊이 아는 것이 슬기이다. 지혜가 시키는 대로 살아야 수명이 길어진
다. 지혜를 얻으면 자기에게 이익이 되지만, 거만하면 자기만 해를 입
는다"(잠언 9장 7절)

나는 사업을 하면서

기업 이익의 사회 환원에 대해 생각했다.

그 방법은 사회 사업을 하는 것이다.

나보다 어려운 이웃과 함께 나누고

더불어 잘 사는 것이 내가 사업을 하는

이유 중의 하나이다. 우리 할머니가 그렇게 하셨고,

우리 아버지, 어머니 또한 그렇게 하셨기에

나와 내 형제들도 그렇게 하고 있는 것이다.

2부 나는 모든 것을 부모님으로 부터 배웠다

정승처럼 벌어야 정승같이 쓴다

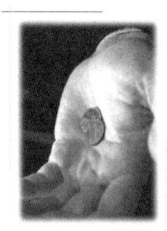

옛말에 '개같이 벌어서 정승같이 쓴다'는 말이 있다. 비록 미천하게 번 돈일지언정 떳떳이 영광스럽게 쓴다는 우리의 속담이다. 돈이야 어떻게 벌었든 잘만 쓰면 미덕이 된다는 뜻이다. 하지만 나는 이 말을 좋아하지 않는다. 언뜻, 돈을 떳떳이 잘 쓰라는 의미로 들리지만 조금만 뒤집어 생각해 보면 돈을 버는 과정보다도 결과에 더 비중을 두어 씁쓸한 여운이 남기 때문이다. 결과가 좋으면 다 좋다라는 말이 있듯 때때로 우리는 그 과정보다도 결과에 치우쳐 생각하는 경향이 있다. 그러나 그 과정이 정당하지 않은데 결과가 좋게 나타나는 경우는 정말 드물다. 때문에 나는 개같이 번 돈으로 과연 정승처럼 쓸 수 있을까 하는 의문과 또 개같이 돈을 벌 동안 얼마나 많은 해악들이 있었을까 하는 생각 때문에 '개같이 벌어서 정승처럼 쓴다'라는 말에 결코 동의하지 않는다.

한 예로, 어느 기업에서 세금 포탈을 하고, 노동자 임금을 떼어먹고, 하청업체에 결제를 잘 안 해주고 번 돈으로 나중에 번듯한 문화재단 하나 차려놓고 사회에 이익을 환원한다고 해보자. 기업이 문화재단을 설립해 기업 이익을 사회에 환원했으니 박수를 칠 것인가, 아니면 과정이 나쁘니 손가락질을 할 것인가.

돈은 자본주의 사회에서 이미 신과 같은 존재가 되어 버려 돈이야 어떻게 벌었든, 돈을 많이 소유하고 있는 사람들은 많은 사람들에게 존경과 선망의 대상이 되기도 한다. 그러나 돈 버는 과정에서 일어나는 많은 잘못들에까지 면죄부를 줄 수는 없을 것이다.

과정이 옳지 않으면 결과가 좋더라도 진정으로 좋은 것이 아니다. 과정에서의 해악이 미치는 영향이 더 크기 때문이다. 또 개같이 돈을 번 사람이 정승처럼 돈을 쓰기란 낙타가 바늘 구멍을 찾아들어가는 것만큼 어려운 일일 것이다. 그래서 나는 늘 이렇게 말한다.

'정승처럼 벌어야 정승같이 쓴다.'

스스로 정직하고 성실하게 번 돈이어야 그 돈이 제 역할을 하는 것이지, 그렇지 않으면 돈이 제 쓰임새를 찾지 못한다는 게 평소 지론이다.

사실 이 말은 아버지가 우리 형제들에게 늘 귀에 못이 박히도록 들려주신 이야기이다. 아버지는 '정승같이 벌어야 정승같이 쓴다' 라는 말을 하면서 늘 이렇게 덧붙였다.

"성공이란 결과가 중요한 것이 아니다. 그보다는 훌륭한 과정이 더 중요하다."

아버지의 이러한 가르침을 나는 내 삶의 금과옥조金科玉條로 삼았고, 또한 경영 이념이 되었다. 기업은 그 경영의 결과물인 기업 이익도 중요하지만, 올바른 과정이 더 중요하다는 것이다. 이와 같은 경영 이념 아래 나는 하나의 기업 원칙을 세웠다. 바로 국가와 사회에 봉사하는 기업상이다. 인격과 능력을 겸비한 인재를 양성하는 기업, 소비자와 직원들에게 감동을 주는 기업, 정직한 제품을 생산하는 기업, 투명하게 세금을 내는 기업, 기업 이윤을 사회에 환원하는 기업이 되자는 것이다.

아버지를 생각하면 나는 존경스러운 마음이 깊은 곳에서부터 저절로 우러나온다. 누가 내게 가장 존경하는 인물을 꼽으라고 하면, 나는 스스럼없이 아버지를 든다. 존경할 만한 아버지를 가진 것은 내게는 대단한 행운이 아닐 수 없다.

아버지의 일평생은 사랑과 봉사와 희생으로 점철되었다고 해도 과언이 아니다. 언제나 자신과 가족보다는 이웃을 먼저 생각하는 분이었고, 그 생각을 몸소 실천하신 분이었다. 부지런하고 정직하게 사시면서 이웃의 어려움에 나 몰라라 하지 않았다.

환자를 돌보면서도 그 많은 집안 일을 손수 챙기셨다. 새벽 네 시에 일어나 왕진 가시기 전에 그날 할 일을 정리해 일꾼들에게 일일이 지시하고, 왕진을 다녀오신 후에는 몸소 자질구레한 집안 일들을 하셨다. 그렇게 부지런히, 성실히 일하고 도움이 필요한 이웃을 위해서는 아낌없이 손을 내밀어 주셨다.

왕진갔다 돌아오실 때 아버지는 한 손에는 왕진 가방을, 다른 한 손에는 가난한 이웃의 손을 잡고 있었다. 왕진 가방만 달랑 들고 돌아오시는 날은 정말 손으로 꼽을 만큼 적었다.

6·25 전쟁의 잿더미 속에서 아직도 허우적거릴 때인 50, 60년 대, 배곯지 않고 사는 집이 얼마나 있었는가. 당시만 해도 이집저집 다니며 구걸하는 동냥치들과 전쟁의 후유증으로 정신을 놓고 거리를 헤매는 행려병자들이 무척 많았다. 그런 사람들이 눈에 띄면 어김없이 아버지는 그들을 집으로 데리고 와 사랑채에 머물도록 하면서 돌보아 주었다. 아버지뿐만 아니었다. 할머니, 어머니도 마찬가지였다.

그래서 우리 집은 할머니와 부모님, 3남 3녀인 우리 형제, 집안일 거들어주는 일꾼들 외에 많은 식구들로 늘 북적댔다. 사랑방에는 언제나 동냥치, 행려병자들, 먹고 살 길이 없어 남의 집살이로 나선 가족들 차지였다. 그들은 우리 집에서 아무 일 하지 않아도 끼니를 해결할 수 있었고, 어떤 사람들은 아버지의 도움으로 나중에 살 기반을 잡아 독립해 나가기도 했다.

그들과 함께 생활하면서 어떤 때는 불평 불만도 생겼고, 어른들을 이해할 수 없을 때도 있었다. 이를 테면 우리 집의 어떤 어른도 우리를 그들과 차별을 두지 않는다는 것이었다. 먹을 것이나 입을 것 같은 것도 부모님은 우리 형제들에게 더 좋은 것을 주는 일이 없었다. 그들은 일을 하지 않고도 밥을 먹을 수 있었지만, 우리는 반드시 허드렛일이라도 도와야 밥을 먹을 수 있었다. 게다가 잔심부름은 온통 우리들 차지였으니 어린 나로서는 불평 불만이 있을 법도 했다.

집에서 일을 도와주는 가족이 있었는데, 그 집에 내 또래의 여자아이가 있었다. 어머니는 장에서 그 아이 옷과 내 옷을 똑같은 것으로 사왔는데, 꽤나 예뻤던 그 아이는 언제나 나와 비교가 되었다.

나는 은근히 나에게 좀더 예쁘고 좋은 옷을 사주기를 바랐지만, 우리 할머니나 부모님에게는 어림도 없는 일이었다. 할머니와 부모님들이 조금도 변함없이 그렇게 하시니, 우리 형제들에게는 차차 그런 일을 자연스럽게 받아들이게 되었고, 나중에는 우리조차 집안 어른들을 닮아갔다.

하루는 오빠가 거리에서 배를 주리고 있는 오빠 또래의 남자아이를 데리고 와서는 밥이 없으니까, 부뚜막에 올라앉아 커다란 가마솥의 누룽지를 긁고 있었다. 그 모습을 본 어머니가 오빠를 칭찬해 주던 기억이 아직도 생생하다.

그들과 함께 생활한 것이 머릿속에 깊이 각인되었는지 나는 어릴 적 일을 생각하면 우리 집에서 기숙하던 행려병자들과 동냥아치들이 먼저 떠오른다.

그중에서도 머리를 엉덩이까지 치렁치렁하게 기른 정신이 온전치 못한 여자는 참 또렷이 기억에 남아 있다. 그녀는 스물여덟난 처녀로, 무슨 연유로 정신을 놓아 거리를 헤매고 있었는데 마침 마실갔던 할머니께서 불쌍히 여겨 집에 데리고 오셨다. 무더운 여름인데 몇 날 며칠 목욕을 안해 그녀의 몸에서는 심한 냄새가 났다. 할머니는 밤이면 밤마다 그녀를 정성껏 씻겼고, 목욕을 시키시고 난 후에는 데리고 앉아 글도 가르쳤다.

아버지는 일꾼을 시켜 전라도 어디에 있다는 그녀의 집을 수소문했다. 예전에는 정신을 놓은 사람들이 집을 나가 나중에 데려갈 때는 한복을 해 입혀 데려가는 풍습이 있었다. 한참을 수소문 끝에 그녀의 집을 찾았고, 그녀의 부모들은 한복 한 벌과 인절미를 해 가지고 그녀를 데리러 왔다. 그런데 그녀는 자기 집에 돌아가지 않으려고 울며불며 발버둥을 쳤다. 아마도 할머니의 그 따스한 정을 못잊어 그랬던 것 같다.

사랑방에 묵고 있던 정신이 온전치 못한 사람들은 자다가 누운 자리에서 그대로 오줌을 싸버리는 일이 허다했다. 예전에는 흙구들을 놓았는데, 그들이 오줌을 싸버리는 통에 흙구들은 얼마 견디지 못하고 자주 무너져 내렸다. 그 때문에 구들을 몇 달에 한 번씩 다시 놓아야 할 정도였다. 그러자니, 한창 바쁜 농사철에 일꾼들은 여간 불만이 아니었다. 일꾼들은 불만의 화살을 우리에게로 돌렸고, 온통 우리 형제들한테 화풀이를 해대면서 심부름을 시켰던 기억이 난다.

그 많은 식구들의 먹을거리를 해대는 것도 만만치 않았다. 이상하게도 정신을 놓은 사람들은 먹을 것에 대한 강한 집착을 보여, 먹고 돌아서면 이내 먹을 것을 또 찾았다. 일하는 아주머니들이 일꾼들 주려고 새참거리를 만들어 놓으면, 금방 숟가락을 놓은 그들은 다시 달려들어 고구마며 부침개 등을 먹어치웠다. 하도 그렇게 먹어대자 아주머니들이 음식을 해서 깊숙이 감추어 놓았지만 소용이 없었다.

지금은 라면이 싸고 흔한 간식거리지만 그때는 결코 싼 것이 아니었다. 그 귀한 라면도 한 박스 사놓으면 한두 끼 먹으면 그만이었다. 그렇게 맛있는 라면을 정작 어린 우리들은 한 젓가락도 입에 대지 못했다. 한 가마 끓여놓으면 그들이 달려들어 순식간에 먹어치웠기 때문에 우리 차례까지 닿지 않았던 것이다. 어린 나는 그때, 저 사람들은 왜 저렇게 늘 배가 고플까 하고 의아하게 생각하면서, 정말 그들이 미워지기도 했다. 어떤 때는 아버지가 싫었다. 어린 내 눈에 비친 아버지는 남한테만 잘 해주고 우리한테는 늘 일만 시켰으니, 그럴 수밖에 없었다.

아버지는 인근에서 소문난 효자였다. 할머니께서 병으로 앓아 누우시면서 한의사인 아버지도 손쓸 수 없을 정도로 병이 깊어지셨다. 할머니를 모시고 고향 인근의 병원이라는 병원은 다 다녀도 낫지 않으셨다. 어떤 방법을 써도 할머니가 낫지 않으니, 아버지는 지푸라기라도 잡는 심정으로 점쟁이를 찾아가셨다. 점쟁이는 아버지에게 팔봉산에 가서 일주일 동안 목욕재계하고 기도하라고 했다. 고향 서산에 있는 팔봉산은 으름나무 열매가 날 정도로 신선하고 깊은 산이었다.

점쟁이가 시키는 대로 아버지는 팔봉산으로 들어가 매일 목욕재계하고 기도를 드렸다. 하루는 새벽에 일어나 제를 올릴 밥을 하려던 아버지는 계곡 위 바위에 걸터앉아 아버지를 내려다보고 있던 사슴을 발견했다. 그 사슴은 며칠 동안 아버지가 기도를 드릴 때면 나타났다 사라지곤 했다고 한다.

나중에 아버지께서 우리에게 그때 일을 떠올리면서 하시던 말씀이 생생하게 기억난다.

"점쟁이도 나도 그때는 몰라 무심코 넘겼는데, 옛날에 그런 짐승을 따라가면 산삼을 캔다는 말이 있었다. 만일 그 사슴을 따라 갔더라면 산삼을 캐어 할머니 병을 낫게 할 수 있었을 텐데."

아버지가 목욕재계를 하고 기도를 해도 할머니는 쉽게 낫지 않았다. 그러자 한 비구니 스님이 우리 부모님에게 아무 일도 하지 말고 오직 할머니에게 큰절을 하라고 일러 주었다. 4월이라 농삿일 준비로 한창 바쁠 때였지만, 아버지 어머니는 식사하는 시간만 제외하고는 할머니께 큰절을 드렸다. 얼마나 절을 했는지 무릎이 다 까질 정도였다고 한다.

그래도 할머니가 낫지 않자 아버지는 당신의 손가락을 잘라 피를 내어 할머니 입에 넣어드렸다고 한다. 옛날 효자들이 손가락을 잘라 피를 내어 부모 공양을 했다는데, 아버지가 그 바로 장본인이 되신 것이다.

아버지의 지극한 효심 때문일까? 할머니는 기적처럼 죽음의 문턱에서 살아나셨고, 그후 5년 간 편안하게 사시다가 돌아가셨다. 아버지의 왼손 네 번째 손가락은 그래서 한 마디가 짧았다.

아버지는 할머니에게 뿐만 아니라 동네 어른들에게도 깍듯이 해드렸다. 어머니는 한 집안의 며느리가 아니고 우리 마을의 며느리일 정도였다. 동네 어른들의 경로잔치니, 효도 여행은 아버지께서 도맡으셨다.

당시 우리 마을은 전화도, 전기도 들어오지 않았는데, 아버지가 직접 돈을 들여 전화와 전기를 들여왔고, 그 덕분에 마을 사람들도 전화와 전깃불 혜택을 볼 수 있었다. 큰 가뭄으로 동네 사람들이 농사를 짓지 못하면 서울에서 지하수 파는 기계나 기술자들을 불러와 동네 농사를 짓게 하였고, 그 비용은 우리 집에서 다 댔다. 마을의 누구든 어려운 일이 생기면 다 아버지에게 도움을 청했고, 돈이 필요한 사람들은 우리 집으로 돈을 빌리러 왔다. 아버지는 농사가 없어 생계가 막막한 사람들을 위해 취로사업을 주선해 끼니를 해결해 주시기도 했다.

이렇게 웃어른을 공경하는 일이나 이웃을 위해 노력하는 아버지의 모습은 우리 형제들에게는 살아있는 교과서였다. 아버지가 교통사고로 돌아가시자 마을 사람들이 조문을 와서 눈물을 흘리며 한 마디씩 했다.

"우리는 늘 손 선생님에게 의지하고 살았는데 이제는 살아갈 낙이 없습니다."

나는 사업을 하면서 기업 이익의 사회 환원에 대해 생각했다. 그 방법은 사회 사업을 하는 것이다. 나보다 어려운 이웃과 함께 나누고 더불어 잘 사는 것이 내가 사업을 하는 이유 중의 하나이다. 우리 할머니가 그렇게 하셨고, 우리 아버지, 어머니 또한 그렇게 하셨기에 나와 내 형제들도 그렇게 하고 있는 것이다. 그들과 함께 먹고, 자고, 지냈던 그날들이 지금 내가 사업을 하면서 사회 사업에 관심을 쏟게 되는 자연스러운 계기가 되었던 것이다.

아버지는 우리들에게 '정승처럼 벌어서 정승처럼 쓰라'고 가르치면서 몸소 모범을 보이셨다. 지금도 나는 '정승처럼 벌어야 정승처럼 쓸 수 있다'는 아버지의 말씀을 한시도 잊지 않고 있다. 부지런하고 정직하고 건강하게 번 돈으로 남을 도와야 제대로 도울 수 있다는 것도 말이다.

일하지 않는 자 먹지도 말라

주변 사람들은 나를 보고 참 부지런하다는 말을 많이 한다. 아닌 게 아니라 나는 부지런하게 일하는 것이 몸에 배어 있다. 사업을 하다 보니 부지런함은 큰 미덕이 된다. 나뿐만 아니라 우리 형제들도 다 부지런한데, 이 모두 부모님들로부터 물려받은 천성이라고 할 수 있다.

우리 집은 시골살림치고는 꽤 규모가 크고 넉넉한 편이었다. 우리 집에 머물면서 집안 일을 돕는 사람들도 있었고, 농사철에는 따로 농사일을 돕는 사람들도 있었으니, 살림의 규모가 짐작이 갈 만하다.

그런데도 어릴 때 동네에서 우리 집 형제들만큼 일하는 아이들도 없었다. 사실 집안 일을 돕는 사람들이 있어 그리 일손이 부족하지 않았는데도 불구하고 우리는 늘 집안 일을 도와 주어야 했다.

나는 가끔 학교갔다 돌아올 때 엄마가 책가방을 받으러 나오는 아이들을 보면 그렇게 부러울 수 없었다. 귀한 아이일수록 엄하게 기르라는 옛말이 있어서 그런지는 모르겠지만, 우리 부모님이 우리의 책가방을 받으러 나온 적이 한 번도 없었다. 책가방을 받으러 나온 아이를 부러워하며 집안에 들어서면 오히려 반갑지 않은 소리가 나를 반겼다.

"얼른 가방 갖다놓고 나와서 콩밭 매러 가라."

아버지는 기다렸다는 듯, 옷도 미처 갈아입기 전에 콩밭으로 가라고 하셨다. 우리 형제들은 때때로 투덜거리면서도 아버지의 말씀을 거역할 수 없었다.

사실 어린 우리가 콩밭에 가서 밭을 제대로 매기나 하겠는가. 아버지는 우리가 제대로 못할 것이라는 것을 알면서도 밭으로 가라고 하셨다.

모내기 할 때는 품앗이를 해주는 사람들이 많아 우리의 고사리 일손이 그리 필요하지 않았을 터였지만, 아버지는 초등학생인 우리들에게도 모내기를 시키셨다.

초등학생이 하는 일이란 게 방해나 하지 않으면 다행이라, 모내기를 하는 어른들은 우리가 무척 귀찮았던 모양이다.

"얘들아, 발에 걸리적거린다. 일 방해하지 말고 너희들은 나가 놀아라."

어른들의 성화에 못이겨 우리가 하는 수 없이 논에서 나오면, 아버지는 다시 논에 들어가라고 야단을 치시는 바람에 우리만 가운데서 안절부절못했다.

우리는 일을 잘 하지는 못했어도 아버지의 말씀에 따라 논일이든 밭일이든 거들어야 했다. 밭에 파종할 때면 우리들은 씨앗 주머니를 하나씩 차고 스무 명 넘는 아주머니 사이에 끼어 일을 했다.

그때 내 나이 또래면 일하는 것보다 노는 것이 더 좋을 나이였다. 나는 일이 하기 싫어 아무렇게나 심어 놓은 뒤 저만큼 뛰어가 앉아 쉬고, 아주머니들이 그만큼 오면 또 아무렇게나 심어 놓고 저만큼 뛰어가 쉬곤 했다.

우리가 일을 제대로 할 리가 없다는 것을 모르시는 아버지가 아니었다. 아버지는 우리가 일을 어떻게 하는지는 중요하게 생각지 않으셨고, 단지 우리에게 일을 하는 습관을 들이려 하셨던 것 같다. 일을 잘하든지 못하든지 아랑곳하지 않으셨으니 말이다.

하도 일을 시키니 놀기 좋아했던 나는 가끔 일하기 싫어 야단맞을 각오를 하고 까탈을 부리기도 했다. 학교에서 집으로 바로 가지 않고 일부러 저 멀리 바닷가로 돌고 돌아서 저녁 먹을 때쯤 집으로 들어오곤 했던 것이다.

아버지는 우리에게 늘 일하는 모습을 몸소 행동으로 실천하셨다. 오전에는 왕진을 다니시고, 오후에는 일정한 시간까지 환자를 돌보셨던 아버지는 조금도 쉬지 않으셨다. 틈이 있을 때마다 소소한 집안일들을 하셨는데, 그때는 우리 세 자매들이 총동원되어야 했다. 오빠는 서산 읍내에 유학 중이었고 아래로 두 동생들은 어렸을 때라, 일은 언니와 나, 여동생의 몫이었다.

고장난 문을 새로 달고 집안 여기저기 손질을 할 때면 우리는 한시도 놀 틈 없이 아버지를 도와 잔심부름을 해야 했다. 그럴 때마다 우리는 종종 아버지의 억지 아닌 억지 때문에 억울하게 야단맞은 적도 있었다. 몸이 아파 찾아 온 환자 돌보랴, 왕진 가랴, 집안 일 챙기랴, 일이 많았던 아버지는 정신이 없으셨던지, 종종 우리에게 엉뚱한 심부름을 시키시곤 했다.

한 번은 문을 손질하시던 아버지께서 뒤꼍에 가서 우리에게 판자를 가져오라고 시켰다. 나와 언니는 얼른 판자를 갖다 드렸는데, 아버지께서는 우리에게 엉뚱한 것을 가져왔다고 야단을 치셨다. 우리는 들은 대로 했지만, 아버지는 사실은 다른 것을 가져오라고 시키시려고 했던 것이다. 그러면 언니와 동생은 얼른 다시 가져오겠다며 가지만, 난 꼭 따지다가 한 번씩 매를 맞곤 했다.

"일하지 않는 자 먹지도 말아라. 가난한 자는 게으르고 부자는 부지런하다. 지금 잘 사는 사람들은 그 선대의 누군가가 부지런하게 살았기 때문에 그 대가로 후손들이 잘 사는 것이다."

아버지는 이런 이야기들을 들려주시며 근면하고 성실한 생활 태도를 길러 주셨다.

우리가 집안 일을 늘 하다 보니 일꾼 아저씨들에게 골탕을 먹은 적도 한두 번이 아니다. 아버지가 일을 시키니 일꾼 아저씨들도 당연한 것처럼 여겼다. 어느 날, 학교에 다녀와서 숙제 좀 하려고 하는데 일꾼 아저씨들이 우리 보고 산에 나무하러 가자고 했다. 숙제가 많았던 나와 동생은 숙제해야 한다며 가지 않겠다고 하자 아저씨들은 아버지에게 우리가 말을 잘 듣지 않는다고 일러바쳤다. 아버지가 당장 우리를 불러들이셔서 야단을 치셨다.

"왜 나무하러 가지 않느냐. 가서 솔방울이나 잔가지라도 주워오지."

한 번은 큰 홍수가 나자 강물이 불어나 논으로 물이 쏟아져 들어왔다. 강물은 순식간에 논바닥을 휩쓸어버렸고, 강물이 지나간 자리엔 강모래가 벼를 덮고 있었다. 그냥 두면 그해 농사를 다 망칠 것은 뻔한 노릇이었다. 아버지는 우리를 불러내시어 그 빗속에서 모래를 퍼내도록 하셨다. 대야를 하나씩 들고 논에 가 모래를 퍼내야 하는데, 꾀를 부릴 수도 없었다. 아버지가 직접 삽으로 떠 담아주셨기 때문이다.

　아버지는 몸소 부지런한 삶을 실천하시며 우리에게도 부지런하게 살 것을 강조하신 것이다. 조용히 되새겨 보면 지금 우리 식구들이 부지런하고 나름대로 성공한 것도 아버지의 이 같은 생활 태도를 본받았기 때문이 아닌가 여겨진다.

서울로 가도 바른 길로 가라

여름이 되어 베란다 들꽃 화분을 사다놓고 길렀는데, 이삼일 출장 갔다 돌아오니 작고 예쁜 보랏꽃들이 생글생글 웃으며 나를 반겼다. 출장가기 전까지만 해도 봉오리가 작게 맺혀 있었는데, 어느새 꽃이 활짝 피어 있었던 것이다. 주인 없는 집에서 홀로 꽃을 피운 것을 보니 작고 여린 생명이 기특하고 신비하기까지 했다. 꽃을 피우기까지 얼마나 많은 노력을 했을까. 뿌리로, 혹은 잎으로 꽃이 피기까지 필요한 자양분을 빨아들이는 과정을 생각하면 꽃은 더욱더 아름답게 느껴진다.

헤르만 헤세는 말했다. '사람의 일생은 자신을 완성시키는 과정이다' 라고. 우리는 하루하루 살아가는 과정을 소중하게 여겨야 한다. 그 과정의 모든 것이 자신의 삶, 인생이기 때문이다.

마흔이 되면 자기 자신의 얼굴에 책임을 지라는 말이 있다. 사람의 얼굴에는 그 사람이 살아온 과정이 고스란히 배어나온다. 마흔이 되면 자기 얼굴에 책임을 져야 한다는 말은 굉장히 많은 것을 시사해준다.

현재 자신의 위치가 어떻든, 어떤 모습을 하고 있든 그 사람의 얼굴에는 숨길 수 없는 삶의 역정이 나타난다는 것이다. 그래서일까, 나는 관상가는 아니지만 사람들의 얼굴을 보면 성격과 그 사람이 하는 일, 지난 삶이 대강 짐작이 된다. 하도 많은 사람을 만나다 보니 저절로 터득하게 된 '사람을 보는 눈'이라고 할 수 있다.

나중에 어떤 얼굴을 갖는가는 지금 어떤 삶을 살아가고 있는가를 보면 된다. 살아가는 과정의 결과물이 자신의 얼굴이다.

많은 사람이 결과가 좋으면 다 좋다는 말을 한다. 어떤 사람이 사회적으로 성공을 하고 엄청난 부를 축적했다고 하면, 그 사람은 일단 사회적으로 성공한 부자라는 사실에 엄청난 잉여 대접을 받는다. 많은 사람의 존경과 부러움의 대상이 된다. 그 사람이 어떻게 돈을 벌었는지, 성공을 했는지 과정을 살펴보지 않고 눈에 보이는 사실만으로 그 사람을 판단하기 십상이다. 특히 자본주의 사회에서 돈은 곧 인격으로 치부되는 경우가 왕왕 있다. 그러나 우리는 그 과정을 살펴 옥석을 가리는 것이 중요하다. 결과가 좋으면 다 좋은 것이 아니라, 그 과정이 마땅해야 존경받고 대접 받을 수 있는 풍토가 되어야 하는 것이다.

운전을 하다 보면 가끔 마주치는 풍경이 있다. 선팅까지 된 아주 고급 승용차의 창문을 내린 뒤 창밖으로 침을 퉤 뱉고 지나가는 사람이 있다. 그 사람이 아무리 고급 승용차를 탔더라도 그의 천박한 의식이 읽힌다. 그런 사람을 보면 여지없이 '졸부'라는 생각이 든다.

일도 마찬가지이다. 일의 과정이 올바르면 결과가 바르게 나타나지만, 과정이 올바르지 않고 올바른 결과를 기대하기 어렵다. 아버지는 우리에게 늘 과정을 소중히 여기는 삶을 강조하셨다.

한 순간 한 순간이 진실되어야 좋은 결과를 얻을 수 있다는 것이다.

"우리 말에 모로 가도 서울만 가면 된다는 말이 있다. 그러나 너희는 그 말을 귀에 담지 말아야 한다. 서울로 가는 길이 비록 더디고 늦더라도 바른 길로 가야 한다."

'모로 가도 서울만 가면 된다.'

어떤 수단을 써서라도 목적만 달성하면 된다는 이 말을 아버지는 버려야 할 속담이라고 말하셨다.

사실 돌이켜 보면 이 속담은 우리에게 알게 모르게 많은 영향을 미쳤다. 오늘날 우리 사회의 전반에 걸친 무질서와 혼란은 사실 이러한 생각들이 빚어낸 결과라고 생각한다. 빨리빨리, 대충대충, 적당히 등의 말들은 우리 사회의 단면을 보여주는 대표적인 말이다. 과정이야 어떻든 목적만 이루고 말겠다는 것이다.

지방 출장을 다니면서 운전을 하고 다니다 보면 참으로 한심하고 답답한 경우를 많이 당한다. 길이 밀리기 시작하면 어김없이 갓길로 빠져나와 새치기 하는 사람들이 있다. 줄을 서서 기다리고 있는 다른 차들은 아랑곳없이 자기만 먼저 가면 된다는 태도이다. 결국 그렇게 끼어드는 차들 때문에 길은 더 막히게 된다. 어떤 사람들은 새치기를 보고 따라하기도 한다. 저 사람도 하는데, 나는 왜 못해 하는 식으로 말이다. 그는 조금 전까지 새치기 하는 차량에 대고 욕을 하던 사람이다.

기업을 운영하는 사람 중에는 이런 유혹에 빠지는 경우를 종종 본다. 빨리 기업을 키우고 싶은 욕심에 수단과 방법을 가리지 않는다. 얼마 전 벤처기업 경영인들이 수십억 원 대의 부정대출, 뇌물수수 등 사건들을 보면서 나는 한숨이 절로 나왔다. 아직 젊은 그들이 왜 나쁜 것부터 먼저 배웠을까. 유망한 젊은 벤처기업인으로 주목받던 그들은 결국 '모로 가면 서울로 가면 된다'는 생각에 사로잡혀 스스로 감당할 수 없는 나락으로 빠져든 것이다. 기백있고 야심찬 벤처정신은 온데 간 데 없고 흉악한 욕망만이 남아 있는 그들의 얼굴들을 보면서, 기업인의 한 사람으로 부끄러움을 느꼈다.

내가 사원 교육을 하면서 늘 강조하는 것은 길을 가도 정도를 걸으라는 것이다. 정도를 걷는 것은 때로는 너무 더디고 늦을지도 모른다. 조금 늦게 가더라도 바르게 가는 것이 중요하다.

회사를 운영하면서도 나는 정도를 걸으려고 노력한다. 우리 회사의 사원들과 소비자들이 우리 회사와 인연이 닿는 것만으로도 자부심을 가질 수 있는 회사를 가꾸어가는 것을 나는 소망한다. 그러려면 나뿐만 아니라 다른 사람들에게 이익이 되는 회사를 만들어 가야 한다.

과정을 충실히, 서울로 가도 정식으로 가라는 아버지 말씀을 되새기면서 깨끗하고, 투명한, 아름다운 회사를 만들어가는 것이다.

나는 사람들에게 말하고 싶다. 꽃을 보면서 꽃의 아름다움만 보지 말라고 말이다. 꽃나무는 아름다운 꽃을 피우기 위해 너무도 많은 과정을 충실히 성실하게 살아왔다. 만일 꽃나무가 한줌의 햇살을 얻는데, 한 줄기 물을 빨아올리는데 불성실했다면 아름다운 꽃을 피워올리지 못하고 시들었을 것이다.

사람도 마찬가지이다. 삶의 결실을 꽃 피울 때 아름다운 꽃을 피우기 위해 하루하루를 충실히 살아 가자. 인생은 건너뛰는 것은 없다. 두 번 사는 것도 없다. 과정을 충실하게 진실되게 살아야 하는 것이다. 더욱이 성공을 꿈꾸는 사람들이라면, 더욱 그렇게 해야 할 것이다.

"성공하는 것은 그리 어려운 일이 아니다. 다만 그 방법을 그르치기 때문에 성공하지 못하는 것이다. 성공병 환자들은 대개 남의 성공을 시기하는 마음이 강하다. 시기하던 끝에 중상모략 하는데, 이런 방법으로는 절대 성공하지 못한다. 또한 자기 능력이나 실력을 생각하지 않고 단숨에 2단 3단 뛰어오르려는 사람도 성공하지 못한다. 오르더라도 곧 떨어지고 말 것이다." -벤자민 프랭클린

공부 대신 자율성을 심어주었다

우리 아이들에게도, 회사 직원들에게도 내가 늘 강조하는 것이 있다면 자율적인 생활 태도이다. 스스로 알아서 자기 일을 하라는 것이다. 그래야 자기 일의 규모가 생기고, 판단력이 생기고, 일을 할 수 있는 자신감과 책임감이 생긴다. 누가 시켜서 억지로 하는 일은 능률이 오를 수 없다. 그 일을 좋아할 수 없다. 일이든 공부든 스스로 좋아서 즐겁게 하여야지, 억지로 하는 일에선 효율성을 기대할 수 없다.

우리 속담에 '빗자루 드니까 마당 쓸라고 한다'는 말이 있다. 하던 일도 누군가가 시키면 하기 싫다는 말이다. 바꾸어 말하면 무슨 일이든 자율적으로 해야 일할 기분도 생긴다는 말도 된다.

내가 크면서 부모님에게 듣지 못한 말이 있다면 공부하라는 말이다. 우리 부모님은 공부를 하라고 가르치지 않았다. 나는 공부를 잘

못했지만 한 번도 공부하라는 소리를 듣지 못했고 공부 못해 야단 맞은 적도 없었다.

부모님은 공부를 하라고 강요를 한 적도 없지만, 어떤 일을 하지 말라고 한 적도 없었다. 때때로 우리가 큰 잘못을 했을 때 혼을 낸 적은 있지만, 모든 일은 우리가 스스로 판단해서 할 수 있도록 맡겨주셨다. 우리는 무슨 일을 하든 책임감을 가지고 자율적으로 했다.

무슨 일을 하든지 "그래, 한 번 해보아라." 하면서 용기와 비전을 주셨고, 그 일을 할 수 있는 방법을 가르쳐주셨고, 그것을 뒷받침해주셨다.

내가 회사 일이든 사회의 일이든 언제나 자신감 넘치게 추진할 수 있는 것은 무엇이든 자율에 맡겨준 아버지의 교육법 때문이었다.

우리 고향 마을에는 중등학교가 없어 중학교에 진학할 때면 우리 형제들은 모두 읍내로 유학을 왔다. 아직은 부모님 밑에서 공부할 어린 나이인 우리들에게 자취 생활이 다소 버거웠지만, 어릴 적부터 자기 일은 스스로 알아서 할 수 있도록 교육을 받았기 때문에 별 어려움 없이 잘 해나갈 수 있었다.

그 나이에 부모와 떨어져 있자니 공부를 잘 해낼 수 없어 성적이 많이 떨어졌지만, 아버지는 그런 부분에 대해 일체 말씀을 하지 않으셨다. 우리가 하는 일에 간섭을 하지 않으셨다. 학비나 생활비나 부족함이 없이 주시면서 우리들 뒷받침을 해주셨지만, 우리가 돈을 탈 때는 한 번도 어디에 어떻게 쓸 건지 묻지 않았다. 그만큼 우리를 믿으셨던 것이다. 우리를 믿어주신다는 걸 알았기 때문에 나나 우리 형제들은 사실 허튼짓을 할 수도 없었다. 믿어 주는 부모님에게 상처를 안겨 드릴 수 없었기 때문이다.

한 달에 한 번 집에서 용돈을 타는 날이면 우리 여섯 형제들은 책값, 학용품값, 옷값까지 한꺼번에 적어서 타는데, 내가 가장 많은 용돈을 타냈다. 나는 용돈을 많이 타내 따로 쓸 곳이 있었다. 우리 반에는 집안 형편이 어려워 도시락을 못 싸 오는 친구가 있었는데, 나는 그 친구를 데리고 저녁이면 시내에서 자장면을 사먹기도 했다.

아버지는 내가 용돈을 다른 형제들보다 좀 많이 타내는 것을 아셨지만, 일체 용처를 묻지 않았다. 내가 어련히 알아서 잘 하겠느냐는 믿음이 있으셨던 것이다.

아버지는 아주 작은 집안 일도 어린 우리들을 포함해서 가족 한사람 한 사람의 의사를 다 들어보고 결정하시는 분이었다.

집을 신축할 때 아버지는 우리 여섯 남매를 다 불러 앉히시고는 우리 한 사람 한 사람에게 의사를 물었다. 공부방은 어디로 낼 것인지, 창문은 어떻게 달 것인지 등등. 그때 여섯 살인 막내 남동생의 의사도 물론 물으셨고, 우리들의 의견을 반드시 참조하셨다.

아버지는 공부하라는 이야기 대신 마을 어른들 만나면 인사 잘해라, 남의 물건은 지푸라기라도 건들지 마라, 배고픈 사람을 보면 자신은 먹지 않더라도 그 사람을 먼저 챙겨 주라는 말씀을 해주셨다.

공부를 하라고 집에서 누구 하나 채근하지 않으니 자연히 공부에 별 관심이 없었다. 그러나 학교 행사나 일을 할 때는 언제나 적극적으로 추진했다.

고등학교 때의 일이다. 당시 우리 학교는 막 문을 연 신생 사립고등학교였다. 신생 학교다 보니 학교 시설이 제대로 되어 있지 않았다. 고등학교 1학년 때 나는 자발적으로 친구들을 모아 시장에서 커튼감을 사다 모든 교실에 커튼을 만들어 달았다.

우리 학교는 사립학교라 학교 재단 손님들이 서울서 많이 내려왔다. 그 손님들을 위한 다과상을 차리는 것도 내가 앞장서서 했다. 다과상을 어떻게 차릴 것인지 계획한 다음 장을 보고 상을 차려 냈다. 내가 어린 나이에도 그렇게 할 수 있었던 것은 아주 어릴 때부터 집에서 큰일을 많이 해 본 덕분이다.

내가 지금 아버지에게 남다르게 감사하는 부분이 바로 이 부분이다. 모든 일을 자발적으로 알아서 하도록 한 정신교육을 시킨 것과 우리들을 사랑하는 마음을 드러내지 않고 단단히 길러 주신 것이다. 어머니는 우리가 일하는 게 안쓰러워 우리에게 될 수 있으면 일을 시키지 않으려고 할 정도로 아버지는 우리에게 일을 많이 시켰다. 지금 사회인으로서 큰일도 두려움 없이 해내는 것이 다 아버지의 그런 자율성 훈련 덕분이 아닌가 싶다.

그것이 우리가 적극적으로 일을 하고 자율적으로, 책임감 있게 일을 하는 데 큰 도움이 되었다. 무슨 일이든 하지 말라, 안돼 하는 이야기를 하지 않고, 앞으로 나가고 일을 만들어가고 끌고 가는 힘을 길러 주신 부모님 덕분에 포기하지 않는 마음, 힘들고 지칠 때도 견딜 수 있는 능력을 지니게 된 것이다. 지금 사업을 하면서 갖춘 추진력이나 리더십도 그런 아버지의 교육 덕분이었다.

칭찬이 최고의 교육법이다

미국 출장 준비를 하기 위해 한창 짐을 꾸리고 있는데, 고향집에 계신 어머니께서 아침 일찍 전화를 주셨다.

"애야. 여름에 출장을 가면 땀을 많이 흘리니 정장은 몇 벌 가지고 가야 한다. 건강식품도 꼭 챙기고, 막 신고 다닐 운동화도 꼭 넣어가지고 가라. 미국 음식이 맞지 않으면 고생하니, 고추장도 포장해서 조금 넣어 가거라."

어머니는 마치 소풍가는 초등학생의 배낭 챙기듯 일일이 챙겨주셨다. 여든 된 어머니가 예순된 아들에게 언제나 차조심, 길조심 하라고 이른다더니 우리 어머니가 꼭 그랬다. 늘 혼자 사는 내가 염려스러운지 전화를 주셔서 건강 상태를 물어보시고, 밥은 잘 먹는지, 아파트 계단 오르내리기 힘들지 않은지 물으시곤 하셨다.

아버지가 엄하셨다면 어머니는 한없이 자애로운 분이셨다. 언제나 조용히 아버지가 하시는 일을 도와주셨고, 아버지 못지 않게 이웃을 위해 많은 일을 하셨다. 마을 어른들의 생일을 챙기시고, 살림이 어려운 집에 먹을 것을 대주시는 등 아버지에 못지 않았다. 두 분이 늘 그렇게 조화로운 삶을 살았다.

아이들을 기르면서 난 어머니가 우리에게 어떻게 했던가를 되새기는 적이 많다. 어머니께서 우리를 교육하시는 방법은 칭찬이었다. 칭찬이 얼마나 효과적인 교육법인지 나는 인재양성 교육을 하면서 깨달았다. 아이든 어른이든 칭찬은 그 사람의 능력을 몇 배로 성장시킬 수 있는 놀라운 힘을 가지고 있다. 나는 사원 교육을 시키면서 질책보다는 칭찬을 주로한다. 칭찬은 그 사람의 장점은 더욱 좋게, 단점도 좋은 능력으로 개발시킬 수 있는 힘을 가졌다고 믿는다. 칭찬이 입에 바른 말이 아닌 진실일 때는, 잠재능력을 일깨우는 좋은 계기가 될 수 있는 것이다.

칭찬의 효과는 어머니로부터 배웠다. 나는 어릴 적부터 그리 특이하게 잘하는 것이 없었지만, 늘 푸짐한 칭찬을 듣고 자라났다. 아무리 일을 시원치 않게 하여도, 아무리 공부를 잘 하지 못해도 늘 어머니는 고생했다, 수고했다, 잘했다라며 격려해주고 칭찬해주셨다.

어머니의 칭찬 덕분에 나는 무슨 일이든 주눅 들지 않았고 , 누구에게도 열등감을 느껴보지 못했다. 어머니가 늘 칭찬을 해주니까, 우리는 친척집 아이들이나 친구들의 부러움의 대상이었다.

한 번은 멀리 바닷가까지 친척 아이들과 마을 아이들 여럿이 모여 조개를 캐러갔다. 말이 조개를 캐러간 것이지 사실은 놀러간 것이나 다름없었다. 커다란 바구니를 어깨에 맨 우리들은 개펄에서 물이 들어 올 때까지 조개를 캤다. 하루종일 개펄에 엎드려 있어봤자 내가 캔 것은 몇 개 되지 않았다. 다른 아이들의 바구니에는 내가 캔 것보다 훨씬 많이 들어 있었다.

같이 조개를 캐러갔던 친척집 아이는 나보다 훨씬 많이 캤지만 그 어머니로부터 잔소리를 들어야 했다.

"하루 종일 있었으면서 이것밖에 못 캤어? 놀다 왔니?"

우리 어머니는 달랐다. 어머니에게 조개 담은 바구니를 내밀자, "아유, 네가 이 조개를 다 캤구나. 참 장하다. 수고했다."며 등을 두들겨 주셨다.

우리 형제들이 모여 옛날 일을 추억하면 늘 하는 말이 있다.

"우리 어머니는 몸집은 작지만 마음은 태평양 같이 넓은 분이야."

어머니는 남을 배려하는 마음이 남다르신 분이었다. 사람마다의 '다름'을 인정해주라는 말씀을 늘 하시면서, 어찌 남이 내 맘 같기야 하겠느냐는 말씀을 하셨다. 생각해 보면 우리 집에 우리 식구들 외에도 그밖의 식솔들이 들끓어도 큰소리 한 번 나지 않은 것은 바로 어머니의 이런 넉넉한, 사려깊은 마음 덕분이었다.

형제 많은 집에서는 어릴 때 싸우면서 큰다지만, 우리 형제들은 한 번도 큰소리를 내어 싸우는 일이 없었다. 어머니께서 모시실을 자아 말리려고 대청마루 한가운데 아주 좁다란 길을 내놓고 양쪽으로 실을 늘어놓으면, 우리는 그 실을 한 번도 흐트리지 않고 그 길로 방을 드나들었다. 언제나 바른 자세와 마음가짐을 강조하시는 어머니 교육 덕분에 우리는 매우 조심성 있었고 절도가 있었다.

부잣집 딸로 자라나셨고 시집살이도 넉넉한 편이었지만 어머니는 조금도 낭비하지 않았다. 언제나 우리에게 항상 검소하라, 아끼면서 살라고 일러주셨다.

"쌀은 가마에서 절약하면 많이 절약할 수 있지만, 됫박에서 절약하면 한 홉밖에 절약하지 못한다."

검소하게 아끼고 절약하며 생활하신 어머니지만, 인심만은 후하셨다. 절약을 하되 자린고비와 같은 방식이 아니었던 것이다. 절약을 하는 것도 지혜가 있어야 제대로 할 수 있다고 하셨다. 음식이나 밥은 언제나 넉넉하게 장만해 이웃의 가난하고 외로운 노인들에게 대접해 드리는 것을 좋아하셨다.

아버지께서 살아 생전에 어머니는 동네의 며느리였다. 아버지께서 이웃 어른들 모셔다 대접을 해드리면, 어머니는 그분들의 며느리 노릇을 했다.

우리 고향 마을에는 여든이 훨씬 넘은 노인이 열 분도 넘는데, 올해 일흔다섯인 어머니는 그분들을 위해 호박죽을 쑤어 대접해드리는 등 동네 며느리 노릇을 하신다.

걸인들이 밥을 얻어 먹으러 오면 어머니는 마루에다 밥상을 차려주었다. 걸인들은 자기들이 어떻게 마루에서 밥상을 받겠느냐며, 자신들이 밥상을 들고 마루에서 내려가 앉아 먹기도 했다. 일꾼들과 밥을 먹을 때도 언제나 아버지와 겸상을 차리셨다. 어머니는 상대가 누구든 겸손히 섬기고, 정성을 다해 대접했다.

항상 남에게 먼저 좋은 것, 깨끗한 것을 주어야 한다는 어머니의 교육 덕분인지, 우리 형제들도 그런 교육에 잘 따랐다.

한 번은 동네의 아픈 아이가 우리 집에 치료를 하러 왔는데, 아이는 우리 배나무에 열린 배를 보고 먹고 싶다고 울먹거렸다. 당시만 해도 배는 귀한 과일이라 제사 지낼 때 쓰려고 우리조차 손도 안 대던 것이었다. 나는 얼른 우는 아이를 뒤꼍으로 데리고 가 배를 따 먹였다. 뒤에 그 아이의 엄마가 우리 집에 와서 어머니에게 그 사실을 이야기했다.

"우리 아이가 먹고 싶은 것을 먹어 살아났습니다."

그 이야기를 들은 어머니는 나를 보시고는 미소를 지으셨다.

사람을 귀하게 여기고 남의 입장에서 항상 생각을 하라는 어머니의 교육이 많은 사람들을 상대하며 리더 교육을 하는 나에게는 너무나 소중한 자산이 되었다.

젊은 시절의 방황은 인생의 거름이 된다

두 아이의 엄마가 된 지금, 나는 아이들 교육을 우리 부모님에게 배운 대로 한다. 철저히 자율에 맡기는 것이다. 아이들을 자율에 맡겨놓으면 아이들이 엇나갈까봐 전전긍긍하는 부모들을 더러 본다. 나는 그런 부모들에게 자신있게 말해준다.

"자식은 부모의 거울입니다. 부모의 삶이 올바르고 남의 모범이 되면 아이들은 일시적으로 방황하더라도 반드시 제 궤도를 찾아 돌아옵니다."

요즈음 같이 청소년 문제가 심각한 때에 이런 이야기를 하면 물정을 모른다고 말할지도 모르겠다. 환경이 옛날 같지 않아 부모가 아무리 잘 살아도 엇나가는 아이들이 많다는 이야기도 할 것이다. 그러나 나는 자신할 수 있다. 부모들로부터 본 바가 있는 아이들은 부모가 여유를 갖고 아이를 믿어주면 아이들은 반드시 제자리로 돌아온다는 것이다. 젊은 날 한때의 방황은 삶의 거름이 되기도 한다.

나도 재수 시절 한때 방황한 적이 있었다. 탈선을 한 것은 아니었지만, 공부가 하기 싫어 여기저기 기웃거리면서 보냈다. 부모님들 입장에서 보면 하라는 공부는 안 하고 음악다방이나 다니는 철없는 재수생처럼 보였을지 모르지만, 나 나름대로는 인생에 대해 고민했던 시간들이었다. 그것이 내게 헛된 시간들이 아닌 것은 나름대로 사회를 배우고 경험하고 고민했기 때문이다.

고등학교 때 공부에 별 관심이 없었던 나는 성적이 나빠 대학시험에 떨어져 부산에 있는 재수생 학원에 등록했다. 공부를 하기 위해 대도시로 오긴 왔지만, 나는 여전히 공부에 관심이 없었다. 뒷자리에 앉아 다른 생각만 하고 6개월 동안 학원에 가방만 들고 왔다갔다했다.

고등학교를 졸업하고 대학을 가지 못한 아이들이 그렇듯이 나도 정체성이 혼란스러웠다. 재수를 하면서 공부를 하고 있으니 사회인은 아니고, 그렇다고 학생도 아닌 어정쩡한 신분 상태였다. 나는 차차 재수생 생활에 싫증이 나기 시작했다. 학원에서의 시간들이 설렁설렁 흘러갔고, 나는 점점 나른해지기 시작했다. 마음속으로는 불안했지만 나는 음악다방을 들락거리며 시간을 보냈다.

하루는 수업을 하고 있는데, 뒷자리의 친구가 내 등을 톡톡 쳤다.

"인춘아, 오늘 우리 언니네 음악다방 가지 않을래?"

"언니가 다방해?"

"아니, 디제이야."

언니가 디제이라는 말에 귀가 솔깃했다. 요즈음은 거의 찾아볼 수 없지만 음악다방 디제이는 젊은이들에게는 인기 스타였다. 친구를 따라 음악다방에 가본 나는 그 언니가 너무나 부러웠다. 나는 그날로 디제이를 하게 해달라고 당장 친구 언니를 졸랐다. 내 생각에 디제이를 하면 팝송으로 영어 공부 하나는 제대로 할 수 있을 것 같았기 때문이다.

내가 다닌 고등학교는 상고라서 영어는 거의 배우지 않았다. 교장 선생님이 일본 교환교수였기에 제2외국어가 일본어였다. 대학을 가려면 영어가 필수라 음악을 들으면서 영어 공부까지 하니 일석이조가 아닌가.

그러나 한 달 정도 지나자 친구 언니가 나를 불렀다.

"너, 이제 디제이 그만 하고 공부해라. 대학 가려면 공부해야 한다."

나는 더 이상 디제이를 할 수 없었다. 친구 언니의 말도 일리는 있었다. 디제이를 하면서 남은 것은 팝송뿐이었다. 팝송을 들으면 영어 공부를 한다는 계획은 그렇게 끝이 났다.

그러는 동안 학원 공부는 점점 멀어졌다. 조금이나마 사회 생활에 발을 디디고 나니 아버지가 보내주는 용돈도 부족할 지경이었다. 공부만 하면 넉넉할 액수였지만, 나에게는 어림없었다. 그렇다고 부모님에게 용돈을 더 달라고 하기에는 염치가 없었다.

그때 마침 회사를 다니면서 대학을 다니기 위해 공부하는 친구가 자기 회사에서 신입사원을 뽑는데 응시해 보겠느냐고 했다. 그 친구는 금성사 품질관리부에 근무하고 있었다. 나는 그 친구의 권유로 금성사 총무과에 입사 지원서를 냈다. 상고 졸업한 덕분에 주산, 부기 자격증이 있어 거뜬히 들어갈 수 있었다.

나는 부모님에게 취직했다는 사실을 숨기고 회사를 다니면서 밤에 학원을 계속 다녔다. 말하자면 주경야독晝耕夜讀이었다. 그런데 말이 주경야독이지 쉬운 일이 아니었다. 하루종일 회사에서 일하고 5시에 퇴근해 학원에 가면 꾸벅꾸벅 졸기 일쑤였다. 나는 결국 공부를 포기했다.

그때까지 집에서는 내가 착실히 공부를 하는지 알고 있었고, 용돈도 꼬박꼬박 보내오셨다. 9월쯤, 대학 시험 볼 날짜가 점점 다가오자 초조해지기 시작했다. 부모님 때문이었다. 하라는 공부는 안하고 직장에 다니고 있으니 얼마나 한심한 노릇인가. 나는 언니에게 전화를 걸어 의논을 했다.

언니는 큰일났다고 생각했는지, 오빠에게 연락을 했다. 현역 장교로 있었던 오빠는 내가 공부도 안 해 대학갈 생각도 안 하고 있으니 몹시 걱정되었던 모양이다. 어떻게든 동생을 자리잡게 만들어 주어야겠다는 생각으로 오빠는 내게 여군이 될 것을 권유했다. 나는 오빠의 권유에 강한 호기심이 들었다. 여군이라는 것이 굉장히 매력적인 직업으로 다가왔다.

그러나 지원에서 떨어지고 말았다. 여군이 일반 사람들은 어떻게 생각할지 모르지만 최고만이 들어갈 수 있는 곳이라는 것을 그때서야 알게 됐다. 다시 도전. 또 도전. 공부는 하는 것이라는 것을 깨달았다.

여군에서 배운 인생

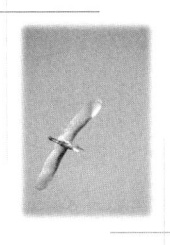

　최근 일부 고위층, 부유층 자녀들이 군 입대를 기피하기 위해 뇌물을 준 사실이 드러나 물의를 빚었다. 이 문제는 두 가지 측면에서 사회적으로 좋지 않은 영향을 미친다. 하나는 고위층, 부유층의 자녀들이 돈을 주고 군대에 가지 않으려는 것은 사회적 형평에 맞지 않는 일이다. 소위 지배층이고 기득권자들의 이런 행위는 보통사람들의 위화감을 조성하고, 이는 결과적으로 우리 사회에 불신감을 증폭시키는 악영향을 미친다.

　우리 나라 지배층의 이런 태도는 영국 왕족들이 전쟁이 나면 스스로 직접 전장에 나가는 태도하고는 너무나 대조적이다. 엘리자베스2세의 남편인 필립공, 아들인 앤드류 왕자가 각각 2차 세계대전과 포클랜드 전쟁에 참여한 일화는 너무도 유명하다. 그들이 로얄 패밀리로서 영국 국민들에게 인정받고 사랑받는 것은 바로 이러한 솔선 수범하는 태도 때문이다.

반면 우리는 어떤가. 이번 병역 비리 물의를 일으킨 부유층과 고위층은 소위 지도자급, 상류층임을 자처하는 사람들이다. 그들은 권리만 내세우고 의무는 지려고 하지 않는다. 그리고 스스로 특권 의식을 갖는다. 그들이 비록 물질이나 권력을 가졌을지는 모르지만 진정한 고위층이라고 할 수는 없다. 의식이 바닥이기 때문이다. 돈과 권력이 있다고 해서 지도층이 될 수 있는가. 결코 그렇지 않다. 상류층은 더더욱될 수 없다. 진정한 고위층, 상류층은 사회에 대한 책임 의식이 우선되어야 하는 것이다. 병역 비리 등에서 보듯 자신들만 편하면 된다는 사고를 하는 사람들은 결국 사회에 불신의 씨앗만 뿌려놓은 꼴이다.

두 번째는 병역을 기피하는 것이 자기 자녀들에게도 결코 이득이 될 것이 없다는 것이다. 옛말에 귀한 자식일수록 엄하게 기르라는 말이 있다. 가끔 부유층 자녀들이 사회 문제를 일으키는 것을 보면 대부분이 과보호의 결과이다. 온실 속의 화초처럼 자라난 아이들은 어떤 문제에 부딪치면 스스로 해결방법을 찾지 못한다. 인내심도 없다. 무조건 들어주는 부모가 있기 때문에 사실 그들은 매사에 인내할 필요도 못 느끼고 그럴 훈련이 안되어 있는 것이다.

"눈에 넣어도 아프지 않은 녀석을 어떻게 군대 보내?"

"돈도 있는데 내 자식을 왜 고생시켜?"

이런 사고 방식을 가진 사람들이 결국은 자녀를 국민의 의무를 기피한 범죄자로 만드는 것이다.

많은 사람들은 흔히 군대 2년 동안을 '썩는다'는 말로 표현한다. 여군 생활을 경험한 나는 단호하게 아니라고 말하고 싶다. 2년 동안 썩는다면, 2년 동안 아무 것도 하지 않고 지낸다는 말인가? 군 생활 2년 동안을 자기 인생과는 별개의 세월로 생각하기 때문에 썩는다고 하는 것이다.

하지만 군 생활도 자기 인생이다. 그 기간을 자기의 인생이라고 생각하고 받아들이면, 그보다 더 소중한 생활은 없을 것이다. 부모 떠나 2년이라는 세월을 지내는 동안 그들은 많은 것을 배운다. 체계적인 사회와 조직을 배우고, 질서에 대해서도 배운다. 국가관, 세계관이 뚜렷해지며 훈련을 통해 땀의 소중함도 배운다. 자기 자신을 책임질 줄 아는 인간이 되는 것이다. 군대에서 비로소 자신의 틀을 잡아 가는 것이다. 나는 군대야말로 정신적으로 나약하고 사회적응을 못하는 아이들을 인격과 능력을 겸비한 책임감 있는 청년으로 만들어 내는 것이라고 생각한다.

대학을 못 가 실없는 재수생 생활을 할 때도 나는 세상에 대한 어려움을 느끼지 못했다. 아버지의 교육 덕분으로 그나마 기본은 하고 버텼지만, 가정적으로나 물질적으로 큰 어려움 없이 자란 탓에 세상 물정을 잘 모르고 지냈다. 만일 오빠가 여군 지원서를 가져다주지 않았더라면 나는 세상이 만만한 줄 알고 그렇게 살았을 것이다.

언니로부터 내가 대학 입시 공부를 하지 않고 있다는 이야기를 들은 오빠는 나에게 간호 장교 모집 공고를 보고 원서를 사다주었다. 오빠가 군 장교로 근무하니 나는 군인에 대해 호감을 가지고 있었고, 어차피 공부를 안 할 바에는 간호 장교가 되는 것도 괜찮다는 생각이 들었다. 부모님의 허락도 받았다. 아버지나 어머니는 그 시대 부모들하고는 좀 남다른 면이 있었다. '여자가 얌전히 있다가 시집이나 가지' 하는 생각은 절대 하지 않았다. 남녀 차별을 두지 않았다. 아들이든 딸이든 누구나 자기가 하고자 하는 일을 적극적으로 해보라고 가르치시는 분들이었다. 무엇을 하라고 강요하지 않았다. 우리들이 적성에 맞는 일을 찾아 잘 하기를 바랐고, 그것을 이룰 때까지 뒷받침도 원없이 해주셨다. 대학원을 가든 박사공부를 하든 장학금을 받든 모든 것을 일체 뒷바라지 해주셨지만, 일단 학교를 졸업하면 모든 지원은 끝이었다. 결혼 비용도 자신들이 마련해 가야 했다.

내가 여군을 지원한다고 했을 때 부모님은 조금도 반대를 하지 않고 적극적으로 밀어 주었다. 그러나 간호 장교도 거저 되는 게 아니었다. 고등학교 때 공부를 하나도 안 했으니 시험에 붙을 리 없었다. 간호 장교 시험에 떨어지자 오빠는 이번에는 여군 하사관 시험에 응시하라고 했다. 여군 하사관은 당시 5급 공무원 급이었다. 상고를 다닌데다 공부도 제대로 하지 않았으니 쉽게 될 리 없었다. 그 당시 여군 하사관 지원자들은 전문대학 출신자들도 많았기 때문에 결코 쉬운 시험이 아니었다. 나는 하사관 시험에 두 번씩이나 떨어졌다.

그러자 오기가 생겼다. 무슨 일이 있어도 붙고 보자는 결심을 했다. 원서를 사다 준 오빠에게도 체면이 말이 아니었다. 난생 처음 공부에 매달렸다. 한글 세대인 나에게 한자는 거의 암호와 같은 수준이었고, 고등학교 때 영어가 아닌 일본어를 배운 탓에 영어 또한 암호였다. 그러나 오기로 버티었다. 자존심이 걸린 문제였기 때문이다. 그리고 마침내 세 번째 시험에서 60대 1의 치열한 경쟁률을 뚫고 합격할 수 있었다.

신체검사와 면접은 굉장히 엄격히 이루어졌다. 그때만 해도 여군들에 대한 편견이 무척 심할 때라 여군들 하면 흔히 생활이 엉망이거나 실연당한 사연이 있는 사람들이 간다고 여기는 사람들이 많았다. 그러나 여군 신원조회는 말도 못하게 까다로웠다. 사생활이 문란한 사람이거나 가까운 집안 외에도 사돈의 팔촌까지 사상적으로 문제 있는 사람은 결코 여군이 될 수 없었다.

나는 신원조회도 거뜬히 합격하고 여군이 되었다. 1978년의 일이다. 여군 훈련은 내겐 만만치 않았다. 여군들이야 남자들처럼 지옥 훈련은 아니더라도 보통 여자들은 결코 받아본 적이 없는 강도 높은 훈련을 계속했다.

당시 훈련이 끝나고 행해졌던 우리들만의 행사를 잊지 못한다. 막 훈련을 끝내고 쉬려고 할 때 우리는 연병장 잔디밭에 모이라는 호출을 받았다. 처음에는 우리가 무슨 잘못을 해 벌을 받는가 싶어 떨리는 마음으로 연병장으로 나갔다. 그러면 그곳에 우리를 누우라고 하고는 '고향의 봄' '어머님 은혜'를 부르게 했다. 그런 노래는 평상시에 불러도 서러움에 울컥해지는데, 고향과 부모를 떠나 부르니 절로 눈물이 났다. 그 노래들을 부르면서 우리는 그 순간만은 순수한 자연으로 돌아갔다. 고된 훈련으로 마음이 힘들어지고 어려울 때 그 노래들은 자칫 삭막해지기 쉬운 군 생활을 정서적으로 순화시키는 역할을 하기에 충분했다.

그런 시간에는 존재하는 것들을 사랑하는 마음이 뜨거워졌다. 가족과 이웃, 국가의 소중함에 대해 새삼 깨닫는 것도 고된 훈련을 견디고 난 후였다. 사람들이 비가 오고 비바람이 몰아치는 날에 살아야겠다는 의지가 불끈 솟는 것과 마찬가지의 이치였다. 어려움을 극복하고 나면 존재한다는 사실, 존재하는 모든 것들이 고맙고 소중해지는 것이다. 여군 생활에 있어 잊을 수 없는 추억은 전술행군이다. 나 같은 피교육생들은 말이 전술행군이지 소풍이나 진배없었다. 갖은 반찬 다 해가지고 계곡에서 밥을 해먹는데, 평생 그렇게 달고 맛있는 밥은 먹어보지 못했다.

우리는 강도 높은 훈련은 받지 않았지만 가끔 포복도 하곤 했는데, 10미터 정도 기어가면 온몸이 상처투성이가 되었다. 그런 훈련들은 내 인생에 여리고 무른 씨앗들을 더욱 단단히 하는 햇볕 같은 역할을 해주었다.

사업을 하는 나의 끈기와 힘은 군생활 때 받은 극기 훈련 덕분이다.

훈련이 끝나고 첫 부임한 곳은 대전 인사처였다. 그곳에서 인사행정관리를 하면서 체계적으로 조직관리와 행정관리를 공부할 수 있었다. 또한 훈련을 통해 지휘력과 통솔력을 익힐 수 있었다. 유명하고 유능한 분들과 함께 일하면서 내 능력을 개발시켜 나갈 수 있었다.

대전 인사처에 근무할 때 5·18이 일어났다. 5·18광주민주화운동으로 많은 시민이 억울한 죽음을 당했다. 하지만 군인들의 죽음도 못지 않았다. 군인들은 또다른 피해자였다. 젊은 특전사 대원들이 송

장이 되어 트럭으로 실려 들어오는 것을 보면서, 역사 속에서 한 개인은 얼마나 무력한지를 깨달았다. 역사의 소용돌이 속에서 무참히 희생당한 젊은 영혼들을 보면서 인간의 존엄성을 새삼 되뇌었다.

충청도에서 한 하사관이 바다에 뛰어들어 자살한 사건이 있었는데, 인사처로 공문이 올라왔다.

"사람은 숨을 쉬지 않는데, 시계는 가고 있다."

공문 내용을 보는 순간 숨이 막힐 것 같은 전율을 느꼈다. 그것이 바로 군대라는 속성을 보여주는 것이기도 했다. 한 사람은 죽었지만 조직은 살아있다는 의미도 되었다. 확대해 보면 세상도 그랬다.

대전 인사처에서 2년 근무한 뒤 나는 대구의 작전처로 발령을 받았다. 여군은 엄격한 엘리트주의를 지향했다. 군대 생활을 하면서 최고의 환경에서 지낼 수 있었다. 의식주는 국내에서 최고급으로 지급받았고, 부대 안에는 영화관, 호수, 골프장, 낚시터 등 최고의 시설이 갖추어져 있었다.

군 생활을 하면서 나는 야간 대학에 입학도 했다. 늦공부가 트였는지 군에 있으면서 나는 비로소 공부의 재미를 느꼈다. 낮에는 군 생활을 하고 저녁에는 야간 대학에 다니며 경영학 공부를 했다. 그러나 군 생활을 하면서 공부를 한다는 것은 여간 어려운 일이 아니었다.

그러던 어느 날, 서울여군학교에서 교관을 뽑아 나는 서울여군학교 교관으로 가게 되었다. 여군학교는 학교장, 교수부장 등 실력이 대단한 분들이 많았다. 3년간 교관 생활을 하면서 나는 많은 것을 배울 수 있었다.

교관 생활은 하루 4~5시간 수업을 하고 나면 자유시간이 많은 편이었다. 그 시간을 활용해 나는 경영학 공부를 다시 시작했다. 혼자 하버드 대학에서 발간한 매니지먼트학 등 전문서적은 모조리 찾아서 읽고, 비즈니스에 관계되는 책은 모두 읽었다.

　군에서 훈련을 받은 덕에 리더십이 형성되어 있는데다 공부를 하니 내 생활에 엄청난 발전이 왔다. 공부에 재미를 느낀 나는 공부를 더 해야겠다는 욕심으로 제대를 결심하게 되었고, 1984년 10월, 6년간의 군 생활을 마감하고 전역하였다.

　6년간의 군 생활은 손인춘이라는 개인에게 엄청난 변화를 가져다 주었다. 나는 더 이상 개인의 자격으로 세상을 사는 것이 아니었다. 조직 생활을 통해 '모두'의 소중함을 알았고, 또한 '인간'의 소중함도 깨달았다. 그리고 하나의 틀을 갖춘 인간으로 태어났다. 부모님의 인성교육과 정신교육이 내 기본을 갖추어주었다면, 군 생활은 내 인생의 기초를 다지는 계기가 되었던 것이다.

일방적으로 기업을 사랑하라고 하지 말고,

자연스럽게 기업을 사랑할 수 있도록

기업 문화를 만들어가는 경영자가 되어야 한다.

기업 문화가 바뀌면 일하러 다니는 사원들의 마인드

가 바뀌고 회사를 사랑하는 마음이 생기게 된다.

그래야 사원들도 기업이 소중한 걸 알고

기업과 함께 가려고 노력하게 되는 것이다.

3부 바보 경영이 가져다준 행복

아줌마를 벗어나라

　월급을 주는 다음 날, 신입사원 한 사람이 내 방에 무언가를 놓고 갔다. 은은한 분홍빛 포장지에 파란 끈으로 리본을 맨 예쁜 선물이었다. 조심스레 열어보니 속옷과 함께 편지가 들어 있었다.

　"……너무도 사장님을 사랑한다고 말씀드릴게요. 남편 그늘에서만 사는 것이 행복한 여자의 일생인 줄 알고 살았던 저에게 요즈음 커다란 변화가 일어나고 있어요. 인성에 와서야 깨달은 것인데, 내가 그때까지 얼마나 무능하고 보잘 것 없는 여자였나 하는 사실을 절감했기 때문이죠. 바로 어제 4월 25일, 저는 난생 처음 월급 봉투를 받아 보게 되었어요. 별로 한 일도 없는 것 같은데, 고액의 월급을 받고 보니 저에게 있어서는 너무도 충격적인 사건(?)이자 감동의 순간이 아닐 수 없었어요. 별로 잘한 것도 같지도 않은데 이처럼 고액의 봉급을 받고 보니 정말 감사하다는 말밖에 달리 드릴 말씀 없군요(중략)……
저는 인성에 와서 사장님의 국가관과 국민의 건강 증진 운동, 환경 운동 등에 정말 놀라지 않을 수 없었답니다. 지금 국가적으로 얼마나 어려운 시기예요? 직장을 잃고 헤매는 많은 사람들을 구제하시고자 인성과 같은 좋은 회사를 설립하신 사장님의 경영 마인드, 기업 이념이 저에게는 너무도 자랑스러워요. 다시 감사드리면서 저도 신나고 즐겁고 보람있는 일을 찾아 열심히 하겠습니다."

이 편지를 받고 나는 마음 깊숙한 곳에서부터 뿌듯함을 느꼈다. 회사 경영자로서 이보다 더 큰 기쁨이 있겠는가. 더욱 열심히 경영을 해 많은 여성들의 잠재 능력을 일깨워 주어야겠다는 다짐을 했다.

프랑스의 언어 사전에 우리 나라의 '아줌마' 라는 단어가 등록되어 화제가 된 적이 있다. 아줌마는 우리 나라에만 있는 아주 톡특한 성 개념의 단어로, 결혼한 여성을 비하하는 의미가 있었다.

우리 나라 여성들은 대체로 결혼을 하고 나면 직장을 그만두고 아줌마가 된다.

"여자가 집에서 살림하고 아이나 잘 기르면 되지 직장은 무슨 놈의 직장!"

"집안에서 살림만 잘 해도 돈 버는 것이다."

시대가 바뀌고 의식이 달라지긴 했지만, 아직도 우리 나라에는 암탉이 울면 집안이 망한다 인식이 아직도 뿌리깊게 자리잡고 있어 많은 아줌마들을 만들어내고 있다.

얼마 전만 해도 기혼 여성이 직장 생활하는 것을 못마땅하게 여기는 사람들이 많았던 게 우리의 현실이었다. 이 때문에 우리 나라의 여성들의 능력이 제대로 발휘될 수 있는 터전조차 마련되기가 어려웠던 것이다. 여성들 스스로도 결혼만 잘 하면 된다는 생각으로 자신의 능력을 잠재운 경우도 없지 않았다.

물론 결혼을 하고 아이를 낳아 기르는 일도 여성의 중요한 몫이다. 그러나 여성들이 자신의 활동 영역을 단지 가정으로만 축소시켜 자신의 능력을 잠재우는 것은 바람직하지 않다. 오히려 잠재된 능력까지 개발해 사회에, 이웃에, 국가에 보탬이 되는 것이 훨씬 보람있는 일이라 생각한다.

요즈음 언론 매체들을 보면 주부 탈선에 관한 기사가 심심찮게 오르내린다. 주부들의 비윤리적인 탈선은 도를 지나치는 경우가 많아 경악을 금치 못한다. 예전에는 장바구니 들고 카바레에 드나들다가 발각되는 경우가 고작이었지만, 이제는 아이들까지 버리고 윤락 행위를 하는 주부들도 많아 심각한 사회적 문제를 야기시키고 있다. 식당 등에서 일하던 기혼 여성들이 보다 손쉽게 돈을 벌기 위해 윤락까지 한다는 내용은 충격적이기까지 하다.

물론 생계 유지나 자녀의 학원비를 벌기 위해 어쩔 수 없이 나온 사람들도 있지만, 개중에는 경제적 여유도 있는데도 가정을 뛰쳐나오는 경우도 있다. 최근에는 멀쩡한 가정주부들이 인터넷 채팅에 빠져 가정 파탄을 자초하는 예도 많다고 한다.

물론 이는 극단적인 경우이긴 하지만, 이런 주부 문제들을 가만히 들여다보면 탈선하는 요인들이 비슷비슷하다는 것을 알 수 있다.

결혼을 하고 아이 한둘을 낳아 기를 때는 집안 일에 매여 사느라 자신들의 정체성을 종종 잊고 산다. 그러다 아이들을 기르고, 집 장만도 하느라 알뜰히 살림하면서 살던 사람들이 아이들이 다 자라고, 살만한 집도 마련하고 나면 갑자기 할 일이 없어졌다는 것을 느끼게 된다. 다시 말해 삶의 목표가 사라진 것이다.

아이들은 커가면서 엄마와는 이야기하려고 하지 않고, 남편은 남편대로 바깥 일에 몰두하다 보면, 대화하는 시간들이 줄어들면서 여성들은 극심한 소외감과 상실감을 느끼기 시작한다. 아이들에게 몇 마디 말이라도 붙여 볼라치면 "엄마가 뭘 알아."하며 퉁명스럽게 대하고, 남편과 대화 좀 하려고 하면 "피곤한데, 왜 그래?"하는 식으로 면박을 준다. 집안 일만 하다 보니 바깥 물정을 잘 모르고, 직장을 구하려고 해도 단절감 때문에 두려움이 앞선다.

그러다 보면 자기 자신에 대한 자신감도 잃어 버리고 자신도 모르는 사이에 능력없는 사람으로 전락해 버리는 것이다. 주부 탈선은 이런 과정을 거쳐 일어나게 되는 가장 좋지 않은 '결과물' 이다. 이 과정에서 자신의 능력을 기르기 위해 노력하는 사람도 있겠지만 아예 자포자기하는 사람이 적지 않은 것이 우리 사회의 엄연한 현실이다.

사회적으로도 우리 나라는 결혼한 여성들이 일을 할 수 있는 여건이 갖추어져 있지 않다. 아직도 임신한 여성이 직장에 다니기에는 제도적인 뒷받침이 되어 있지 않다. 아직도 어떤 회사에서는 임신을 하면 회사를 그만둘 것을 강요하고, 출산 휴가도 너무도 짧다. 얼마 전 겨우 출산 휴가가 90일로 늘어났다. 아이를 낳은 후에는 탁아시설 등이 제대로 되어 있지 않아 많은 여성들이 스스로 직장에 다니길 포기하고 만다. 육아 부담이 너무 크기 때문이다.

이런 사회적인 분위기는 여성 인력의 훌륭한 능력들이 고스란히 가사일에만 묻히게 만드는 것이다. 어떤 여성들은 자위하는 심정으로 집에서 아이를 훌륭하게 기르는 것이 돈 버는 것이라고 말하기도 한다. 그러면서 일하는 여성을 같은 여성이면서 백안시하기도 한다. 또 어떤 여성들은 남편을 성공시키는 것이 결혼한 여성의 최고 미덕인 양 이야기하기도 한다. 그러나 아이를 기르기 위해, 남편을 성공시키기 위해 희생한 여성 자신의 인생은 무엇인가. 많은 여성들이 상대적 박탈감으로 인한 소외감과 고독감으로 힘들어 한다. 새들이 자라면 둥지 속을 떠나듯, 자식도 마찬가지이다. 남편의 성공에서 여성 자신의 성공이라는 일체감을 찾기는 어렵다. 나는 집에서만 지내는 고학력 여성들이 신경성 질환과 갱년기 질환을 호소하는 경우를 종종 접한다. 이는 자기 존엄성 상실이 원인이다.

나는, 여성들에게 제안한다. 아줌마를 벗어나 자기 일을 찾으라고, 그리고 자기 자신을 찾으라고 말이다. 일은 곧 인생이다. 일을 한다는 것은 살아움직인다는 증거이다. 일을 한 대가로 돈과 명예뿐만 아니라 사랑 등 풍요로운 인생살이를 누릴 수 있다. 아이들 교육 문제도 해결된다. 엄마가 사회를 경험하고 일을 함으로써 자신의 능력을 개발시키면 그 속에서 아이들을 훌륭한 인재로 키울 수 있는 방법을 터득하게 된다고 확신한다. 일을 하면서 발전하는 엄마는 그런 아이를 키울 수 있는 것이다.

나는 잠자고 있는 여성의 능력을 일깨워 주고, 그들을 인격과 능력을 갖춘 훌륭한 인재로 양성해 우리 사회의 훌륭한 리더가 될 수 있게 이끌어주는 것이 기업을 하는 나의 또 다른 몫이라고 생각한다.

변화하는 모습을 보는 즐거움

우리 회사를 방문하는 사람들은 모두 하나같이 이렇게 말하곤 한다.

"손 사장, 손 사장은 사원을 미모 순으로 뽑아요? 다들 왜 이렇게 예뻐요. 회사가 훤하네요."

이런 소리를 들을 때마다 난 가슴이 뿌듯하다. 20대에서 60대까지, 우리 회사 직원들의 나이 차가 굉장히 많이 나지만, 모두 아름다운 모습이다. 자신있고, 당당하고, 지적이다. 얼굴에는 늘 아름다운 미소가 흐른다. 그들은 정직하고 진실되게 일하는 즐거움을 알고 있다.

이런 분위기 때문인지 입사한 후 얼마 지나지 않으면 사람들은 완전히 다른 모습으로 바뀐다.

사실 우리 회사에 들어오는 사람들 중에는 다른 여러 가지 일을 하다가 실패한 사람들도 적지 않다. 그들은 직장 생활에서 개인 사업,

조그만 장사까지 안 해 본 것 없이 다 해보았고, 우리 회사가 건강 식품 판매회사인 줄 알고 입사한 사람들이다. 다른 회사에서 판매 사원으로 일해 본 사람들이 그 일이 뜻대로 잘 안 되니까, 우리 회사를 선택한 것이다.

그들은 대부분 "한 번 해 보지 뭐." 하는 심정으로 오는 경우이다. 그러나 그들은 얼마 지나지 않아 우리 회사가 일반 방문 판매 회사와는 다르다는 것을 깨닫는다.

우리는 건강 전문 회사이면서 리더 양성 회사이다. 일반 회사의 경우 연간 사업 계획이 매출 중심이라면, 우리 회사는 리더를 얼마나 많이 길러 냈는가가 사업 계획의 큰 목표이다. 따라서 우리 회사의 시스템은 사원들을 인격과 능력을 갖춘 리더로 만드는 데 더 비중을 두고 있다. 판매고를 올리는 것은 둘째 문제이다. 사원들이 리더가 되는 것은 우리 회사의 교육 프로그램에 의한 것이다.

우리 회사의 특징이라면 기독 사우들의 모임이 왕성하다는 것이다. 사실 아침 9시부터 9시 30분은 일반 기업에서 가장 소중한 시간이다. 특히 판매 회사에서는 소비자들에게 전화 상담을 하는 등 가장 왕성한 영업 활동을 하는 시간이다. 그럼에도 불구하고 우리 회사에서는 그 시간대에는 기도 모임을 갖고, 오전 10시에서 12시까지는 리더 교육을 하는 것이다.

일반적으로 유통 회사의 최종 목표는 매출이다. 그러나 우리 회사의 기업 목표는 교육 훈련이 잘 이루어지는 것이다. 이 가운데서도 꾸준히 매출이 오르는 것은 교육훈련이 가져온 성과가 아닌가 한다.

따라서 우리는 이론과 실기 교육의 반복으로 사원들은 의식에서부터 큰 변화를 꾀하고 진정한 리더가 되게 한다.

　우리 회사가 건강 전문 회사이다 보니 우리 사원들이 만나는 사람들은 전부 금전적, 육체적, 정신적으로 어려운 사람들이다. 정신과 육체가 바로 서고, 긍정적인 사고를 가진 사람만이 그들에게 비전과 용기를 줄 수 있다. 그런 리더들을 통해 많은 사람들에게 희망을 주는 것을 목표로 하고 있다.

　얼마 전까지만 해도 많은 기업에서 신입 사원들이 들어오면 무조건 회사 제품을 들고 거리로 나가게 해 물건을 팔아오라고 했었다. 일종의 자신감을 기르기 위한 훈련이었다. 거리에서 창피도 당해 보고 좌절도 겪는 등 좌충우돌하면서 자신감을 기르라는 것이다.

　그러나 이 방법은 어느 정도의 실효를 거둘 수는 있겠지만, 아무 준비없이 나간 직원들은 자칫 좌절감과 실패감을 극복하지 못해 중도 하차할 우려가 더 높다. 그래서 나는 직원들을 먼저 거리로 나가게 할 것이 아니라 교육을 시키는 것이 중요하다고 생각한다. 꾸준한 훈련을 통해 자신감을 가지게 되고, 판매의 노하우 및 실력을 쌓은 다음 실전에 임하게 하는 것이다.

　먼저 자기 자신을 알고, 자신의 인성을 파악하는 등 자기 수련의 과정을 거쳐야 상대를 제대로 파악할 수 있다고 나는 믿는다. 그렇지 않으면 상대를 이해하기도 전에 스스로 상처받고 쉽게 포기하게 된다.

　리더로서 소양을 갖춘 사람들은 쉽게 포기하지 않는다. 그만큼 단단해지기 때문이다. 이는 달걀과 타조 알의 차이만큼이나 크다.

매일 아침 직원들은 능력과 인격을 갖춘 리더 교육을 받고 있다. 인성 교육, 마케팅 관리, 시스템 관리, 행정 관리 등의 교육을 통해 우리 회사의 사원들은 자신도 모르게 리더로 성장해 가고 있는 것이다. 사원들의 성장은 바로 회사의 발전을 의미하기도 한다. 지속적인 인간 교육, 훈련을 통해 많은 리더가 양성되면, 그것은 곧 기업이 발전하고 나라가 발전하는 길이다.

처음, 이런저런 일을 하다 실패한 사람들이 우리 회사에 올 때 모습은 실패한 모습 그대로이다. 그러나 몇 달 리더 교육을 받고, 교육받은 대로 일을 하다 보면 그들은 완전히 새로운 모습으로 태어난다. 자신감을 회복하고, 성공한 리더로서의 의욕을 갖는다. 옷매무새부터가 달라진다.

어둡고 칙칙하고 늘어졌던 그들의 매무새는 어느새 반듯하고 밝고 환하게 변한다. 수줍고 부끄럼을 많이 타던 한 남자 사원은 외모에서부터 뜻밖의 변화를 가져왔다. 뻣뻣한 직모인 그는 머리 때문에 인상이 세련된 편이 아니었는데, 어느 날 당당히 파마를 하고 나타난 것이다. 우리들은 그의 변화에 모두 놀라고 즐거워했다.

리더 교육은 리더로서 갖추어야 할 기본 소양부터 교육한다. 우선 중요한 것은 자신의 마인드이다. 성공할 수 있다는 신념과 자신감을 갖추는 게 무엇보다 중요하다. 그 다음은 지식을 쌓고 인격 수양하는 교육을 한다. 인격 수양의 가장 먼저는 사랑과 정성과 봉사 정신을 갖추는 것이다. 사랑과 정성, 봉사 정신이 없으면 리더가 될 수 없다. 이렇게 정신적인 훈련이 되면 옷 입는 법, 대화하는 법 등 일상의 예의

범절을 배우는 것이다.

외형상의 변화뿐 만 아니다. 반복되는 인성 교육은 사람의 속마음까지도 변화시킬 수 있다. 사람의 속마음은 그 사람의 본성이다. 본성이 근본적으로 바뀌지는 않지만, 갈고 닦여지고 다듬어져서 웬만한 일에 흔들리지 않게 되는 것이다. 사람의 본성은 힘들고 어려울 때 잘 드러난다. 평소에는 점잖은 사람이 어떤 일을 당하면 태도가 돌변하여 전혀 다른 사람이 되는 경우를 본다. 평온할 때 감추어져 있던 본성이 드러나는 것이다. 가장 나쁜 것은 이해 관계가 얽혔을 때 태도가 돌변하는 사람들의 경우이다. 언제나 얼굴을 보면 상냥하던 사람들이 이해 관계가 얽히면 180도 달라져 안면을 바꾸는 경우가 종종 있다. 인격이 갖추어져 있지 않기 때문에 나타나는 것이다. 리더, 리더 교육은 이러한 본성을 다듬어 주고 드러나지 않도록 해준다.

이 모든 것은 어떤 틀에 맞추어 하는 것이 아니다. 나를 비롯한 임원들이 몸소 실천으로 보여 주는 것이다. 나와 리더들이 솔선 수범하면 일반 사원들이 자연 따라오게 돼 있다. 이런 교육과 훈련을 통해 우리 직원들은 의식에서부터 생활까지 엄청난 변화를 가져오는 것이다.

개미들은 페르몬이라는 호르몬을 통해 의사 소통을 한다고 한다. 만일 한 개미가 기분이 나쁘면 개미 집단 전체가 기분이 나쁘고, 한 개미가 기분이 좋으면 다른 개미들에게도 좋은 기분이 전달된다는 것이다. 리더 한 사람의 행동은 페르몬 효과와 같다. 그만큼 리더의 몫은 중요하다.

우리 직원들은 교육을 통해 실패자에서 성공자로, 보통 사람에서 리더로 다시 태어난다. 우리 직원들이 진정으로 아름다운 이유는 그들은 다른 사람을 리더로 키울 수 있는 인격과 능력을 갖추었기 때문이다.

문턱이 없는 사장실

어느 기업체 사장이 우리 회사를 방문한 적이 있다. 그는 사업 자금이 달려 나에게 자금을 융통해 달라는 부탁을 하려고 온 사람이었다. 그런데 우리 사무실을 방문한 그는, 우리 직원에게 누구라고 소개하지도 않고 뜨악한 얼굴로 문 밖을 서성거리고 있었다.

마침 나를 보고 내 방으로 들어온 그는 얼굴에 거만한 표정을 짓고 있었다. 아마 내 집무실을 보고 얕보는 마음이 생긴 것 같았다.

그도 그럴 것이 내 방은 일반적으로 생각하는 사장실하고는 거리가 멀다. 육중하고 값비싸 보이는 오크 책상이 있는 것도 아니고, 붉은 카펫으로 고급스런 분위기를 연출한 것도 아니다. 작은 방에 일반 사원들과 같은 책상과 회의용 책상과 의자 몇 개가 있는 아주 단출한 방이다. 그 사장 생각에는 비록 자기가 사업 자금을 융통해 달라는 입장에서 왔지만, 별볼일 없는 것처럼 느껴졌던 모양이다.

그의 마음이 읽혀지니 솔직히 자금을 융통해 주고 싶은 생각이 없어졌다. 나는 그에게 다음 기회에 오라며 돌려보냈다.

우리 나라 기업체 사장 중에는 사장이라는 권위 의식과 잘못된 허위 의식에 사로잡혀 있는 사람들이 많다. 한 중견 기업체 사장 이야기는 그런 사례의 대표적인 예라고 할 수 있다. 아버지 덕분에 별 어려움없이 성장한 그는 아버지로부터 물려받은 사업체를 경영하고 있었다. 아버지가 일군 회사는 은행 빚 하나 없는 건전한 기업체였고, 아버지는 구두쇠라고 소문이 날 만큼 알뜰히 기업을 한 사람이었다.

하지만 그런 기업을 고스란히 물려받은 사장은 아버지와는 달랐다. 아버지의 사업 스타일을 닮아 구두쇠 노릇을 하느라고 했지만, 구두쇠 노릇이라고 다 같은 것은 아니었다. 아껴야 할 때와 아끼지 말아야 할 때를 구분 못한 것이다. 기업 이익이 늘어도 사원들의 임금은 한 푼도 올려 주지 않았고, 올려 주지 않은 것은 고사하고 제 날짜에 맞춰 주지도 않았다. 복지는 아버지가 운영할 때보다 더 나빠졌다. 지방에 있는 공장 직원들이 사장의 이런 태도에 분노해 파업을 하고, 서울 본사에 와서 날마다 시위를 했다.

사장은 아랑곳하지 않았다. 회사 정문 앞에서 공장 노동자들이 시위를 하고 있을 때 사장은 몇천만 원을 들여 사장실 내부 공사를 하고 있었다. 직원들의 분노는 극에 달했고, 파업은 장기화되었다. 그 일로 회사 매출은 급감했고, 그 사람은 아버지로부터 물려받은 흑자 회사를 적자 회사로 만들어놓고 말았다.

물론 사장실이 꾀죄죄한 것보다 번듯하면 더욱 좋을 것이다. 그러나 회사 사정이야 어떻든 사장실만 그럴 듯하게 꾸며 놓는 것은 올바른 경영자의 태도가 아닌 것이다. 사무실이 번듯해야 비로소 사장다워지는 것이 아니기 때문이다. 높은 자리에 있을수록 자신을 낮추는 자세가 필요하다.

내 방을 비롯해 우리 회사 임원실은 문턱이 없다. 사원과 동등한 입장에서 일을 하려고 하는 것이다. 언제나 사장실 문은 열려 있다. 회사를 방문한 소비자를 상담할 때 사원들은 사장실이나 상무실을 이용한다. 소비자들과의 상담에 초보인 사람들은 사장이나 상무나 이사 등 임원들이 직접 상담도 해준다.

직원들은 사장실에 대한 거부감이 없다. 사장실이 회의실이고 상담실인 셈이다. 사원들은 내 방에 스스럼없이 들어와 개인적인 이야기에서부터 사업이야기까지 전부 이야기한다. 직원과 사장이 하나 되어 보다 나은 모습으로 변해 가는 것이 내가 지향하는 기업이기에 나는 사원들과 구별을 두고 싶어하지 않는다.

이런 내 마음을 아는지, 직원들은 사랑한다, 존경하다는 말을 수시로 한다. 나보다 나이가 훨씬 많은 사원들이 그런 말을 할 때면 쑥스럽기도 하지만 그들의 진정한 마음을 알기에 무척 기쁘다. 또 어떤 사원들은 고마운 마음에 신문지에 싼 오징어부터 속옷까지 내 책상에 갖다 놓기도 한다. 비록 사소한 일 같지만 이런 일들로 인해 사원들이 나를 사랑하는 마음과 내가 그들을 사랑하는 마음이 일체가 되는 것이다.

우리 집도 마찬가지이다. 우리 회사는 리더를 키우는 회사이기 때문에 전문적인 지식을 갖추게 하는 교육 장소가 필요하다. 지방에서 임원들이 연수를 위해 올라오는데 우리 집은 그들을 위해 개방한다. 지방에서 오는 사원들이 여성이 대부분이다 보니 집에 있는 가족이 걱정을 하게 된다. 그래서 호텔이나 여관 등 일반 숙박업소를 이용하는 것보다 우리 집에서 기거하는 것이 훨씬 안전한 것 같아 우리 집을 개방하게 되었다.

그리 넓지 않은 아파트에 단출한 가구 몇 개가 전부인 소박한 살림살이를 보고 어떤 직원은 놀라기도 한다.

"사장님 댁이라 널찍한 잔디밭에 연못도 있고, 정원도 있는 줄 알았더니 우리랑 다를 게 없네요."

5백여 명의 직원을 거느린 회사의 사장집치고 너무 소박한 것이 아니냐는 말들도 한다. 어떤 사람들은 사장에 대한 고정 관념이 깨진다고도 한다. 나는 갑부가 아니다. 회사를 설립해 운영을 하고 있는 기업인일 뿐이다. 기업을 통해 번 돈은 기업을 위해 다시 쓰는 것이 내 기본 임무이다. 그밖의 것은 탐내지도 않고 탐낼 이유도 없다.

돈을 벌어 사장실과 집만 번듯하게 꾸며놓는다고 나를 존경하지 않을 것이다. 기업을 위해 최선을 다하고 기업 이익을 공평하고 합당한 곳에 쓸 때 나는 진정으로 존경받는 기업인이 될 것이라고 믿고 있다.

바보 경영자

  하나의 상품을 개발해 시장에 내놓기까지는 엄청난 시간과 돈이 필요하다. 그렇게 공을 들여 상품을 개발해 놓아도 시장에서 성공하리라는 보장은 아무도 할 수 없다. 그렇다고 해서 기업의 입장에서는 상품을 개발하지 않을 수도 없다.

  때문에 기업에서는 하나의 상품을 개발하기까지 수백 가지의 사전 조사 과정을 거친다. 시장 조사, 원가 계산에서부터 제품 단가 결정, 시장 가격 조사, 소비자의 욕구 등 보이는 부분에서부터 보이지 않는 부분까지 모든 것을 조사한 뒤 제품 생산을 한다.

  어떤 제품이든지, 생산의 기본은 판매했을 때 수익이 나는 제품이어야 한다. 일단 수익성이 판명되면 아무리 복잡한 과정이라도 생산을 하게 된다. 그렇지 않으면 제품 생산은 사실상 불가능하다. 수익이 없는 제품은 그 상품이 아무리 좋아도 생산할 가치가 없는 것이다. 그것이 소비자들에게 꼭 필요한 제품일지라도 마찬가지이다. 기업의 본질은 영리를 추구하는 것이기 때문이다. 이는 기업 경영의 원칙이기도 하다.

그러나 나는 그 원칙에 맞지 않는 일을 종종 할 때가 있다. 계산을 하지 않고 비용을 따지지 않는다. 정말 좋은 상품이고, 소비자에게 꼭 필요한 상품이면 원가를 고려하지 않고 제품을 개발하는 것이다.

원가가 비싼 만큼 많이 받으면 되는 것 아닌가하고 반문하는 사람도 있을 것이다. 그러나 현실은 그렇지 않다. 건강 식품을 팔면서 다이아몬드 같은 보석 값을 받을 수 없듯이 제품 특성에 맞는 적당한 가격이 있게 마련이다. 가령 비누 한 장 가격은 아무리 비싸도 만 원을 넘을 수 없다. 비누 생산 단가가 비싸서 만 원으로는 도저히 이익을 남길 수 없는 경우에도 만 원이 넘으면 시장에서 판매가 불가능한 것이다.

이럴 경우 비누는 팔면 팔수록 손해를 보게 되어 있다. 그러면 기업을 하는 사람은 당연히 제품 생산을 중단할 것이다. 그러나 좋은 제품은 꼭 만들어야 한다는 생각으로 비용이나 이익 계산을 하지 않다 보니 종종 "무식한 경영을 한다"는 이야기를 듣기도 한다.

얼마 전 우리 회사에서 다이어트 식품이 나왔다. 순수한 자연 식품으로 한방 기능을 강화하다 보니 원가가 무척 많이 들었다. 소비자 가격을 책정할 때 회사 내에서 약간 의견 차가 있었다.

최고의 원료로 만든 최고의 상품이라 자부하는데, 일반 원료로 만든 제품들과 가격대가 비슷하게 책정되니 실무진들이 반대 의사를 표시했다. 팔면 팔수록 손해니 제품 생산을 중단하는 게 낫다는 소리도 나왔다. 그러나 내 생각은 달랐다. 기업을 하면서 항상 이익을 볼 수는 없다. 손해 보는 것도 있으면 이익 보는 것도 있게 마련이다. 다이어트 제품에서 손해를 본다면 다른 부분에서 이익을 보면 되는 것이다.

항상 이익만 보려고 한다면 영악한 장사꾼이지 기업인은 아닌 것이다. 제품을 만들어 많은 이익을 내는 것이 기업의 당연한 목표라면, 좋은 제품을 만들어 많은 소비자들이 혜택을 볼 수 있다면 그것도 기업의 중요한 역할 가운데 하나라고 생각한다. 또한 큰 보람이기도 한 것이다.

지금 우리 회사에서 하는 리더 교육도 마찬가지이다. 매일 아침 10시 반부터 2시간 정도 강의하는 일이 쉬운 일은 아니다. 강의하는 시간을 물리적으로 따지면 회사는 엄청난 비용을 들이는 것이다. 그럼에도 불구하고 나는 강의를 계속하고 있다. 왜냐 하면 직원들에게 이익이 되기 때문이다.

같은 시간을 들여 회사를 다니는데, 기왕이면 자기 발전을 이룰 수 있으면 얼마나 좋은가. 사원을 교육을 시키는 것은 지금 당장은 비용이 들고 힘든 일이지만 교육을 통해 전문 리더가 육성되니 회사는 물론 개인, 더 나아가 국가 발전에 이바지하는 셈이다. 또한 소비자들에게도 이익이다. 교육을 받은 전문가들을 통해 정보를 얻고 관리를 받기 때문이다. 이것은 결국 나아가서는 국가와 국민 경제에도 플러스가 된다고 생각한다.

내가 이처럼 안 해도 되는 일을 하니 주변에서는 나를 보고 무식하게 경영한다고 이야기한다. 그러나 이는 내 나름의 '바보 경영 철학'이다. '바보 경영 철학'은 일본에서 마케팅 공부를 할 때 배운 것으로, 순수하고 진실되게, 바보같이 앞뒤 가리지 않고, 계산을 하지 않는, 사원과 소비자를 사랑하는 경영 철학이다.

나는 바보 경영 철학이 내 이념과 맞아떨어져 회사 경영에 도입했다. 사실 인재 양성과 리더 양성은 엄청난 비용과 시간을 필요로 한다. 그러나 나는 그것을 감수하면서도 리더 양성 교육을 고집하는 이유는 그것이 바로 사원, 기업, 사회와 국가를 위하는 길이기 때문이다.

다른 회사에서 원가와 인건비를 절감해 회사 이익을 창출하는 데 역점을 둔다면, 나는 최고의 인건비, 최고의 원료, 많은 교육 비용을 투자해 회사의 이익 창출보다 소비자와 사원을 먼저 생각하는데 역점을 둔다. 소비자가 곧 나이고, 사원이 곧 나이기 때문이다. 이는 오직 바보만이 할 수 있는 경영이다.

내가 좀 피곤하고 힘들어도 모두가 이익인 바보 경영을 결코 그만두고 싶지 않다. 다른 경영자보다 엄청난 보람을 가지고 경영한다는 자부심이 나를 지탱해 주기 때문이다.

천천히, 그러나 멀리

가끔 경영자 모임에 나가면 사람들이 이런 말을 건넨다.

"요즘 다 힘들다고들 하는데, 손 사장 회사는 돈을 잘 버나 봅니다. 항상 즐거운 모습이니 말예요."

사실 요즘 울상 짓지 않는 경영자를 찾아 보기 드물다. 경제 공황이 오는 것이 아니냐는 우려가 나올 만큼, 미국, 일본을 비롯한 세계 경제는 먹구름이 잔뜩 끼어 있다. 우리 경제도 더하면 더했지 덜하진 않다. 기업 환경이 더욱 나빠진 데다 한 번 오른 임금은 내려오지 않고, 국가적 신인도 추락, 계속되는 파업, 금융 시장 불안에 따른 자금 사정 악화 등이 기업 환경을 더욱 어렵게 하고 있다. 사정이 이렇다 보니 경영자들이 즐겁고 신나는 일이 없는 것도 당연할 수밖에 없다.

그러니 항상 기쁘고 의욕적으로 다니는 내 모습을 보고 인성은 아주 잘 되나 보다 하는 생각을 가질 수밖에 없나 보다.

내가 즐겁고 신나게 일을 하는 것은 반드시 일이 잘 되어서만은 아니다. 모든 기업이 어려운데, 우리 기업만 힘들지 않으란 법은 없다. 그래도 내가 이런 마음으로 일을 할 수 있는 것은 기업 경영의 목표를 반드시 돈과 결부시키지 않기 때문이다. 만일 기업 경영의 목표가 돈이 전부라면 치밀한 매출 계획을 세워야 하고, 그 계획이 잘 이루어지지 않을 때는 의욕을 잃기 십상이다.

이상하게 들릴지 모르지만 나 스스로 매출 계획을 세우지 않는다. 책임자들이 올리는 것이 곧 나의 매출 계획이다. 나는 책임자들이 자신의 능력에 합당한 매출을 올릴 수 있도록 교육을 시키고 훈련을 시킨다. 곧 직원들이 월급을 받고 회사가 원활하게 운영될 수 있을 만큼의 매출을 올리게 하는 훈련인 것이다. 직원들에게 왜 이 만큼의 매출을 올리지 못했는가를 추궁하지 않고, 그들을 교육과 훈련을 통해 매출을 올릴 수 있도록 도와 주는 것이다.

아울러 즐겁고 재미있게 일할 수 있는 환경을 조성해 주고, 비전을 제시해 주고, 올바른 방법으로 일을 할 수 있는 방법을 가르쳐 주고, 제대로 하고 있는지 확인해 주고, 목표를 설정해 주는 것이다. 그것이 내 몫이다.

대체로 직원들의 계획이 마이너스가 나는 경우는 많지 않다. 또 설사 직원들이 계획대로 하지 못해 마이너스가 났더라도 별로 개의치 않는다. 그 원인을 분석해 다시 계획을 세워나가면 되는 것이다.

우리 기업은 최고의 서비스에 승부를 건다. 소비자에게는 물론이고 사원들에게 나는 최고의 서비스를 제공해 줄 계획을 가지고 있다.

사원들에게는 교육 훈련 서비스를 제공해 인재로 성장시키는 것이다. 그들의 능력을 인정해 주고, 숨은 재능을 찾아 주는, 전문인 훈련은 물론 인성 교육을 통해 진실한 자기 변화를 일으키게 하는 것이다.

소비자에게는 소비자들에게 물건만 달랑 파는 것이 아니라 그들과 함께 대화하고, 느끼고, 심지어 같이 울어 주는 등 공감대를 형성하여 그들의 내면의 상처를 치유해 주는 상담기법을 주로 이용한다. 이는 남들과는 다른 서비스이다.

좀 어렵고 힘들어도 여기에서 보람을 찾는 것이 나의 즐거움이다.

『논어』에 원려遠慮라는 말이 나온다. '사람이 멀리 생각하는 바가 없으면 반드시 가까이에 근심이 있다'는 뜻이다. 모든 것이 장기적인 안목을 가지고 그 목표를 향해 꾸준히 나아가면, 근심할 것도 걱정할 것도 없다. 목표를 실행하다 보면 때로는 실패도 하고 어려움도 겪는다. 그 과정에서 잘못된 것은 바로잡아 목표를 향해 나아가면 되는 것이다.

원려라는 말을 되새기면서, 내 인생 전체를 보면 하나의 그림이 그려진다. 나는 이제 사십대 중반이다. 지금부터 일이 너무 잘 되고 돈이 쌓이면 막상 할 일이 없어질 것이 아닌가. 직원들이 힘들고 어려울 때 방법을 가르쳐 주고 훈련을 시켜야 하는데, 지금 모든 것이 잘 된다면 나는 은퇴하는 일밖에 다른 도리가 없다.

나는 앞으로 20년 동안 더 일을 할 생각이다. 너무 빨리 잘 되는 것도 내 인생의 계획에서 보면 결코 좋은 일이 아니라고 생각한다. 또한 나만 잘 되는 것도 원하지 않는다. 조금 더디게 가더라도 직원들과 함께 일하고 함께 공존하면서 기업을 꾸려갈 생각이다.

전문가들끼리 뭉쳐야 산다

1897년 이탈리아 경제학자 빌프레도 파레토(Vilfredo Pareto : 1848~1923)는 80/20법칙을 발견했다. 이는 원인과 결과, 투입량과 산출량, 노력과 성과 사이에 일정한 불균형이 존재하여, 원인 가운데 20%가 결과의 80%를 도출하며, 투입량의 20%가 산출량의 80%를 만들어 내고, 전체 노력의 20%에서 전체 성과의 80%가 만들어진다는 법칙이다. 말하자면 적은 비율의 원인, 투입량, 노력이 큰 비율의 결과로 나타나는 것을 의미한다.

80/20법칙은 인간들의 삶 여러 분야에서 나타나고 있다. 지구촌에서 부의 80%는 20%의 부자가 소유하고 있으며, 나머지 80%는 실업 상태나 불완전한 고용 상태의 사람들로 열악한 환경에서 살아가고 있다. 또한 대부분의 기업에서 20% 정도의 제품이 이익의 80%를 내

고, 백화점의 하루 매상 중 80%는 그 백화점의 단골인 20%의 손님이 올리고, 20%의 능력있는 조직원이 80%의 일을 하고 있으며, 투입한 업무 시간의 20%가 전체 가치의 80%를 만들어 낸다.

범죄의 80%는 상습적인 범죄자 20%가 저지르며 전체 운전자의 20%가 교통 사고의 80%를 일으킨다. 하루 종일 걸려오는 전화 중의 80%는 전화를 자주 하는 친근한 20%가 하는 것이며, 교수가 한 시간 강의 동안에 전달한 지식의 80%를 이해하는 학생은 불과 20%밖에 안 된다. 옷을 입고 지내는 전체 시간의 80%에 해당하는 시간 동안에 가지고 있는 옷 중 20%의 옷만을 입는다.

대부분의 경우 숫자상으로 완벽하게 80%와 20%로 맞아떨어지지는 않더라도, 거의 비슷한 비율을 보이면서 어느 시대, 어느 국가를 막론하고 나타나고 있는 현상들이다.

이러한 80/20 법칙은 전문가 시대는 더욱 극명하게 선이 그어진다. 사회를 이끌어 나가는 20%는 자신들이 먼저 나서지 않아도 그들을 위한 자리가 마련되어 있을 것이다. 하지만 그렇지 못한 80%는 20%에 포함된 사람들처럼 자신을 위한 20%의 공간을 찾아야 하는데 그게 쉽지만은 않은 것이다. 이들을 위한 자리를 어느 정도는 사회가 수용할 수밖에 없다. 그리고 지식 면에서 사회의 제반 경제와 문화를 창출해내는 것은 지식과 창의로 무장한 20%의 사람들이라는 통계 수치도 나와 있다. 나머지 80%는 그들이 창출한 기반 아래 생활을 이끌어 나가는 것이다. (리처드 코치 『80/20법칙』)

내가 20%에 속하는지 80%에 속하는지는 한 번쯤 생각해 볼 필요가 있다. 핵심적인 소수가 될 것인가 하찮은 다수가 될 것인가는 단순히 본인의 선택 문제가 아니다. 어떻게 하느냐에 따라 달라질 수 있다.

그렇다면 핵심 소수인 20에 속하기 위해서는 어떻게 해야 하는가. 21세기는 능력 있는 사람만이 살아남는 정보 통신 시대이다. 많은 정보를 소유한 사람이 당연히 앞서나갈 수밖에 없다. 인터넷이 확산되기 시작할 무렵, 한 언론사에서는 인터넷 생존 게임을 벌였다. 각계각층의 일곱 명을 아무 것도 없는 방에 빈 손으로 들어가게 하고 인터넷을 통해 생존 방법을 찾게 하는 것이다. 인터넷을 처음 접한 사람들은 어디에서 먹을 것을 구입하는지, 옷을 어디서 사서 입는지 오로지 인터넷을 통해서만 가능하도록 했다. 사람들은 모두 같은 시간에 방으로 들어갔지만, 의식주를 해결하는 것은 많은 시간 차이가 났다. 그 게임을 통해 얼마나 많은 정보를 소유하고 있는가 하는 문제는 현대판 정글의 법칙에서 살아 남는 첩경이라는 것을 알 수 있었다.

과거에는 아이큐 좋은 사람이 경쟁력이 높았다면, 21세는 개인의 아이큐가 높은 것 가지고는 살아 남기 힘들다. 인간이 만든 컴퓨터는 아이큐가 2000이 넘는다. 1분에 상품 2~3개가 만들어지는 시대이다. 인간의 아이큐는 여기에 대면 상대가 되지 않는다. 이런 시대에는 능력 있는 사람끼리 모여 함께 무엇인가를 만들어 나가야 한다. 시간이 모든 것의 관건이 되어버린 요즈음, 아마추어끼리는 결코 성공할 수 없다. 전문가들끼리 뭉쳐 시간 경쟁에서 이겨야 모든 경쟁에서 이길 수 있는 것이다.

이것이 바로 기업 경영의 키포인트이다. 여러 사람이 능력을 모아 핵심적인 소수가 되는 것이다.

아무리 정보화 시대라고 해도 사람끼리 뭉치다 보면 인간이 원하는 그 무엇이 있다. 그것은 바로 사랑이다. 사회가 기계화되고 정보화될 수록 인간은 사랑을 원하고 그 토대 위에서 인간의 존엄성을 찾고 사람과 사람이 통하는 인간 관계가 형성되기를 원한다. 여기에 기업의 목표를 두고 함께 일하고 공감하고 원하는 것을 만들어 가는 것이다.

더욱이 우리 회사는 돈으로는 환산하지 못하는 건강을 다루는 일을 하는 기업이다. 또 세상을 살아가는 데 무엇보다 소중한 인간을 상대한다. 그러므로 누구보다도 진실, 정성, 사랑, 봉사를 바탕으로 한 인간 경영을 하지 않으면 안 된다.

누구나 다 대우를 받길 원한다. 직원도 마찬가지이다. 내가 먼저 사원을 대우해 주면 나도 사원들로부터 대우를 받는다. 기업은 한 사람의 인생의 장이다. 우리 회사에 나오는 사람은 우리 회사에서 인생을 살아가는 것이다. 일 따로 인생 따로 가는 것이 아니다. 그렇지 않다면 그 사람은 일의 노예이지 자신의 인생을 사는 것은 아니다. 일을 하는 과정은 곧 자신의 인생인 것이다. 자신이 인생을 살아가는데, 일한 만큼 소득을 올리고 실력 쌓고 보람있는 일을 할 수 있다면 그보다 더 좋은 것이 어디 있겠는가. 그것을 기업에서 충족시켜 주어야 한다. 이것이 나의 일이다.

흔히 기업을 하는 사람들은 조직의 중요성을 강조한다. 그러나 나는 조직보다는 사람이 중요하다고 생각한다. 아무리 조직이 잘 되어 있어도 결국 그 조직을 구성하고 이끌어가는 에너지는 사람에게서 나온다. 조직이라는 것은 사람과 사람이 이루어진 결합이다. 한 사람 한 사람이 어떤 마인드를 가지고 있느냐에 따라 조직이 할 수 있는 일은 천양지차이다. 마인드가 좋은 사람끼리 뭉쳐졌을 때 조직은 좋은 일을 하지만, 마인드가 좋지 않으면 나쁜 짓만 하게 되는 것이다.

기업을 하는 지금 나는 무엇보다 사람이 가장 소중하다는 것을 더욱 절실히 깨닫는다. 한 사람 한 사람의 존재 가치를 무엇보다 중요하게 여긴다. 아무리 정보화 시대가 오고 기계화, 산업화되어 간다고 해도 그것을 이끌어가는 것은 사람이다. 그 한 사람 한 사람의 능력을 개발시키고 책임감을 길러 주고 그 사람들끼리 뭉쳐서 큰일을 이루게 하는 것이 가장 의미있는 일이다.

능력있는 사람끼리 뭉쳐서 기업을 하는 것, 그것은 모두가 20%에 속하는 일이기도 하다.

능력있는 인재만이 살아남는다

1998년 IMF직후 삼성경제연구소에서 「IMF 국내파장 10가지 진단」을 발표한 적이 있다. 내용은 다음과 같다.

저성장 고물가 시대에 접어들어 전형적인 스태그플레이션 현상이 나타나고, 앞으로 5년간 평균 경제 성장률은 4% 안팎에 그칠 것이다. 이에 따라 올해 중 100만 명 이상의 실업자가 추가로 양산돼 실업자수는 150만~200만 명 수준에 이르고, 가족을 포함해 400만~600만 명이 실업대란의 영향권에 들어갈 것이다. 구조 조정으로 30대 그룹은 물론 4대 그룹의 순위까지도 바뀌는 등 재계 판도에 일대 변혁이 일어나고 수출 제일주의가 되살아난다.

생활수준은 80년대 후반 수준으로 후퇴하고, 급여생활자, 소규모 자영업자, 실직자를 중심으로 소비자 파산이 증가할 것이다.

구조 조정 진통 속에 재계에는 판도가 흔들리는 지각 변동이 일어나며, 금융권에서는 빅뱅 바람으로 큰 금융회사는 더욱 커지고, 작은 곳은 사라지거나 더욱 위축된다. 열린 경제와 강요된 국제화에 따른 파장으로 외국 자본의 힘이 커지고 외국인의 적대적 기업 인수 합병이 시작된다.

3년이 지난 지금, 우리의 상황은 일부를 제외하고는 거의 모든 부분이 이 보고서 내용 그대로이다. 언론 매체에서는 우리 경제가 살아난다고 하지만, 경제 현장의 목소리들은 위기감이 팽배해 있다. 기업 경영자 모임에 나가면 한결같이 힘들다, 죽겠다는 소리를 한다. 각 기업에서는 몇 달째 파업을 하고 있고, 많은 기업체들이 문닫을 준비를 하고 있다. 국민들도 죽을 판이다. 세금은 평균 15% 정도 더 올랐다.

이런 상황에서 기업이나 개인이 살아 남는 방법은 무엇인가. 삼성 경제연구소는 '신 실력시대 도래'로 강한 조직, 능력이 있는 강한 사람만 생존하는 시대가 되고, 이에 따라 '프로'가 대접받는 체제로 사회의 틀이 바뀌어 간다고 진단했다.

능력이 있는 사람만이 생존한다는 것은 정글의 법칙에 있어 제1원칙이다. 약육강식의 생존법이고, 변함없는 진리이다. 정글의 법칙은 어려울 때 더욱 냉혹해지는 법이다.

나는 우리 회사 사원들에게 인격과 능력을 겸비한 리더가 되도록 훈련과 실전을 반복한다. 이는 곧 이처럼 어려운 시기에 살아 남는 유일한 길이라고 생각하기 때문이다.

인격과 능력을 겸비한 사람은 그냥 되는 것이 아니다. 노력 없이는 되지 않는다. 우리 회사는 마케팅 전문 회사이다. 사원의 80%가 영업관리직에 종사한다. 영업관리직은 특히 프로 정신을 갖추지 않으면 안 된다. 게다가 인격을 갖춘 사람이라야 한다.

아무리 능력이 뛰어난 사람이라도 인격을 갖추지 않으면 마케팅 전문가가 될 수 없다. 마케팅 전문가는 단순히 물건을 파는 사람들이 아니다. 그의 능력과 인격을 상대방에게 전달해 주어야 한다. 그렇지 않으면 영업관리는 일회성에 그치고 만다. 특히 앞으로는 영업 관리, 조직관리에 있어 전문성이 없으면 실패하고 만다.

우리 나라 사람들은 영업이나 판매 파트에 상당한 고정 관념을 가지고 있다. 영업과 판매는 별다른 전문적인 기술이나 능력이 필요 없는 일로 누구나 할 수 있다고 생각한다. 아직도 사무실에 자리를 지키고 앉아 업무를 보는 일에 더 가치를 둔다. 이는 아마도 사농공상이라는 뿌리깊은 계급 의식에서 비롯된 오해와 편견일 것이다.

이런 고정 관념 때문에 실업자가 엄청나게 많아도 영업이나 판매 관리 파트에서는 일할 사람들이 없어서 어려움을 겪는다. 영업이나 판매 관리도 이른 바 3D 업종으로 생각하는 것이다. 보다 손쉽고 편하게 돈을 벌고 싶어하는 사회적 욕구가 한쪽에서는 구직난을, 한쪽에서는 구인난을 겪는 불균형을 가져온 것이다. 정작 본인은 다른 일을 할 준비를 하지도 않고 있으면서 힘들다, 어렵다는 이유로 일을 기피하는 것이다.

사실 판매나 영업, 유통 등 마케팅 분야는 기업 활동에서 없어서는 안 될 중요한 부분이다. 기업의 동맥인 것이다. 마케팅이 원활하게 이루어지지 않으면 기업은 동맥 경화증에 걸리게 된다. 기업에서 몇 년간에 걸쳐 엄청난 돈을 들여 상품 개발을 해놓아도 마케팅이 잘못되면 하루 아침에 무너진다. 마케팅 분야가 이렇게 중요한데도 우리나라에서는 매우 소홀히 여기는 편이다. 어떤 기업에서는 마케팅 준비는 하지 않고 상품 개발에만 신경을 쓰고 있고, 정부에서 기업 지원을 할 때도 제조나 기술 부분에만 지원을 한다. 마케팅 전문 회사는 왠지 백안시하는 경향까지 있다. 상품 개발은 생산 공장과 연구실만 갖추면 누구나 할 수 있다. 그러나 마케팅은 전문 인력과 엄청난 돈이 필요한 부분이다. 앞으로 판매나 유통에 대한 중요성은 기업만이 아니고 국가적으로 인식해야 한다.

한 통신업체에서 10여년간 근무한 컴퓨터 엔지니어가 있었다. 그는 프로그램을 개발하고 응용하는 데는 누구에게도 뒤지지 않는 기술을 가지고 있었다. 아이디어도 많았다. 그는 자신의 기술을 믿고 독립해서 따로 사업을 해보고자 했다. e북 제작 프로그램을 시장에 내놓으면 크게 성공할 것 같았다. 그는 회사를 그만두고 e북 시장에 뛰어들어 제품 개발에는 성공했지만, 사업은 성공하지 못했다. 아이디어나 기술적인 노하우로는 충분히 가능성 있는 사업이었지만, 마케팅 분야에 대한 준비가 없었던 것이다.

아무리 기술이 있어도 마케팅이 제대로 이루어지지 않으면 성공할 수 없다. 한 기업이 성공하려면 조직 관리와 마케팅 관리가 제대로 되어야 한다. 조직 관리와 마케팅 관리의 기본은 인간 중심 경영이다.

조직이나 마케팅 관리는 컴퓨터로 할 수 없다. 인간이 하는 것이다.
때문에 마케팅에 성공하려면 기업가의 마인드가 제대로 형성되어 있
어야 한다.

잘 될 때일수록 철저한 자기 점검을

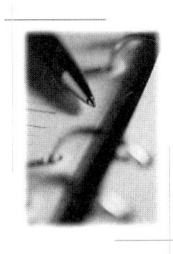

　회사는 참모 수준만큼 큰다는 말이 있다. 아무리 오너가 훌륭한 마인드를 가지고 그 방향으로 기업을 이끌어 가려고 해도, 참모가 능력이 없으면 그만이다. 반면 오너가 능력이 없어도 참모가 훌륭하면 회사는 참모만큼 크게 마련이다.

　아무리 회사의 시스템이 잘 갖추어져 있더라도 참모가 그 시스템을 이해하지 못하면 아무 소용이 없다. 우리 회사의 시스템을 잘 이해하지 못하는 임원이 있었다. 아니, 이해를 하지 못했다기보다는 그의 마인드로는 받아들일 준비가 되어 있지 않았다.

　앞서 이야기했듯, 우리 회사는 단순히 매출을 올리는 회사가 아니다. 리더 양성을 동시에 하는 회사이다. 임원은 이미 리더이다. 리더는 자기뿐만 아니라 남도 변화시키고 성공시킬 수 있는 능력을 갖추어야 한다. 그 임원은 자기의 성공에만 관심이 있었고, 조직 관리나 리더 교육에는 관심이 없었다. 그의 성공의 목표는 돈을 버는 것이었다. 그러니 우리의 시스템을 자신의 성공 개념에 맞추자니 잘 맞지 않았다.

우리의 기본은 진실을 전파하는 것이다. 마케팅의 가장 기본이 되는 기술은 진실이다. 진실의 힘은 놀라운 결과를 가져다 준다. 친구를 사귈 때 그 친구가 먼저 나에게 도움이 되는지를 따지는 사람이 있고, 친구에게 자신이 어떤 도움이 될지를 생각하는 사람이 있다.

비즈니스로 사람을 만날 때도 마찬가지이다. 비즈니스를 하는 사람들은 흔히 자신에게 도움이 되는 사람 위주로 만난다. 이는 상대방을 내 필요에 의해 활용하는 것이나 다름없다. 이런 만남은 결코 진실될 수 없다.

나는 상대방이 나를 위해 무엇을 해줄지를 기대하기보다는 자신이 먼저 상대방에게 무슨 도움이 될지를 생각하라고 말하고 싶다. 그러면 상대방이 무엇을 필요로 하는지 진실로 살피게 되고, 그 진실은 금방 상대에게 전달된다. 진실로 맺어진 관계는 오래 지속된다.

이런 기본을 무시하고 나름의 방법을 찾던 그 임원은 그 방법이 잘 되지 않으니까 여러 모로 고전을 면치 못했다. 결국 회사를 오래 다니지 못했다. 그가 회사를 그만두기 전에 나와 면담을 했다. 나는 그에게 그의 마인드가 무엇이 잘못인지를 말해 주었지만, 그는 자신의 마인드가 잘못되었다는 것을 인정하지 않았다. 자신의 생각을 틀 속에 가두고 그 틀 속에서만 사고하고 행동하면서 다른 사람의 좋은 방식에 대해서는 눈감아 버리는 것이다. 그리고는 남의 탓을 하고 불평불만만 늘어놓았다.

일이 잘 안 될 때는 먼저 자기 점검부터 해보아야 한다. 무엇이 문제인지, 어디서부터 잘못되었는지 점검을 하는 것이다. 모든 문제는 자신부터 점검을 해보고 다시 시작을 해야 한다. 남의 탓만 하고 자신을 돌아보지 않으면 발전할 수 없다. 환경이 바뀌어도 자기 문제를 계속 안고 있기 때문에 결코 달라지지 않는다. 사람들이 똑같은 실수를 반복하는 것은 바로 이 때문이다. 진정한 리더가 되기 위해서는 자기 점검이 필요하다. 모든 문제는 자기부터 시작된다는 것을 깨달아야 한다. 환경이 바뀌어도 자기 중심으로 사물을 판단하기 때문에 항상 시행착오가 있기 마련이다.

한 집단의 지도자는 자신뿐 아니라 다른 사람도 보다 더 발전할 수 있게 해주어야 한다. 같은 일을 하더라도 좋은 성과를 내게 해주어야 한다. 그러자면 지도자는 자기 점검을 수시로 해야 한다. 그렇게 해야 자신의 문제점을 빨리 발견하고 변화시키고, 변화에 빨리 적응을 하여야 한다. 그래야 아랫사람이나 주위 사람들을 변화할 수 있도록 도와줄 수 있기 때문이다.

사실 실패했을 때 자기 점검을 하는 것은 너무나 당연한 것이다. 그보다 더 중요한 것은 일이 잘 될 때도 항상 경계를 늦추지 말아야 한다. 나는 잘 될 때일수록 더 긴장하고, 더 열심히, 더 섬세히 일을 한다.

안 될 때는 누구나 열심히 하지만 잘 될 때는 자칫 교만해지기 쉽다.

교만해지면 자기 자신의 문제를 찾아 내지 못한다. 원래 큰일은 작은 일에서 비롯되는 법이다. 아주 작은 구멍이 큰 둑을 무너져 내리게 하듯이, 보이지 않는 작은 문제가 언젠가는 큰 문제로 나타나는 것이다.

리더나 경영자는 항상 회사를 창업했을 때의 마음 자세인지, 발전할수록 거듭 자기 점검을 할 필요가 있다. 사원들도 마찬가지이다. 입사할 때는 누구나 열심히 하겠다는 생각을 하지만 어느 정도 시간이 흐르면 자기도 모르게 매너리즘에 빠져 버려 더 이상 발전을 하지 못하는 경우가 많다.

흔히 고정 관념을 깨라는 말을 많이 한다. 세상의 변화에 적응하려면 자신이 가지고 있는 생각을 버려야 한다. 많은 사람들의 발전을 저해하는 요인이 바로 자기 자신이 만들어 놓은 고정 관념의 틀 속에 갇혀 있기 때문이다.

자기를 점검할 때 가장 먼저 버려야 할 것은 바로 고정 관념이다. 고정 관념을 깨는 일은 스스로 하기 힘들다. 우리 속담에 '세 살 적 버릇 여든 간다'는 말도 있듯이 체질화된 것은 평생 바꾸기 힘든 것이다. 누군가 잘 이끌어서 변화를 할 수 있도록 도와 주어야 하는 것이다. 이런 마인드를 기업 경영자가 갖추어야 할 것이라고 생각한다.

경영자가 사원들의 체질을 기업에 맞게 변화시킬 수 있을 정도로 능력을 갖추고 있을 때 기업은 발전할 수 있는 것이다.

성공의 시작은 인간의 근본에서 이루어진다. 근본이 바로 서야 성공도 바로 할 수 있다. 나는 내가 발전하고 있다고 느낄 때, 일이 잘 되고 있을 때 늘 다음과 같은 것을 점검해 본다

1. 인간의 근본을 중시하고 있는가

2. 자기가 하고 있는 방법들이 인간의 기본 · 비즈니스 기본 방법에 벗어 나지 않는가

3. 교만하지 않은가

4. 자신이 남들에게 용기와 비전을 주는 사람인가

5. 자신은 물론 다른 사람의 능력을 개발하고 있는가

6. 말과 행동이 일치하는가

    나는 우리 회사가 항상 발전할 수 있다고 자부한다. 전 사원들이 항상 스스로를 점검하고, 훈련시켜 전문가가 되는 시스템을 가지고 있기 때문이다. 이는 어떤 회사의 한 부서만의 매뉴얼을 가지고 그것만 터득해서 일하는 것과는 본질적으로 다르다. 또한 이는 사원을 살리고, 기업을 살리는 일이다. 아울러 소비자를 위하고 국가를 위한 일이기도 하다.

    사실 기업에서 사원들을 전문가로 키우는 일은 쉬운 일이 아니다. 비용과 시간이 많이 든다. 어떤 사람은 그 비용과 시간이면 다른 데 투자하는 것이 낫겠다는 생각도 할 것이다. 하지만 궁극적으로 보면 사원을 전문가로 키운 기업과 그렇지 않은 기업은 발전의 질과 양이 엄청나게 차이가 난다. 당장은 좀 더디고 느릴지 모르지만 어느 시점에 이르면 엄청난 차이로 앞서가게 되어 있다. 전문가끼리 뭉친 집단과 그렇지 않은 집단의 차이는 그것이다.

코에 넣은 생콩이 익도록

방문 판매 중심의 우리 회사에 새로운 매니저들이 들어오면 나는 체계적인 교육을 시킨다. 이제는 회사의 규모가 커져 리더십 센타도 문을 열었지만, 과거에는 우리 집에서 신입 사원 오리엔테이션을 하기도 했다.

방문 판매 회사에 오는 사람들은 대개 두 종류로 나뉜다. 하나는 여러 군데 판매 회사를 다닌 경력자들이고, 하나는 처음으로 직장을 가지는 사람들이다. 여성의 경우 회사에서 전문가 교육을 받으면서 그들은 평범한 아줌마에서 당당한 프로로 다시 태어나는 것이다.

나는 그들에게 늘 강조하는 말이 있다. 다른 것은 다 해도 결코 포기만은 하지 말라는 것이다. 포기하지만 않으면 실패에서도 벗어날 수 있을 뿐 아니라 다시 성공할 수 있는 길이 열리기 때문이다.

처음 한방 비누를 생산해 놓고 6개월 동안 단 한 장도 팔지 못했다. 그때 나는 문득 포기하고 싶은 마음도 없지 않았다. 하지만 나는 어릴 적 아버지의 말을 떠올리면서 마음을 다잡았다.

"무슨 일이든 코에 넣은 생콩이 익도록 노력을 해라."

어릴 때 아버지가 귀에 못이 박히도록 해준 말씀이다. 일을 열심히 하여 몸에 열이 나고, 그 열로 코에 넣은 생콩이 익을 정도로 노력하라는 것이다.

아버지는 당신 스스로도 일을 열심히 했지만, 우리에게도 일을 열심히 하라고 가르치셨다. 공부는 못해도 일은 열심히 해야 했다. 중학교만 되면 읍내에 유학을 가 있던 우리는 주말이면 집에 다니러 왔는데, 교복을 채 벗기도 전에 콩밭이든 어디든 일을 하러 가야 했다.

어려서 친구들과 놀고만 싶어하던 나는 '코에 넣은 생콩이 익도록' 열심히 일하라던 아버지의 말씀이 그리 듣기 좋지만은 않았다. 그러나 사업을 하면서 그 말이 새삼스럽게 되새겨졌다.

특히 내가 실패했을 때 아버지의 그 말은 금과옥조였다. 사람의 몸에 나는 열기로 생콩을 익히려면 얼마나 열심히 해야 하는가. 포기하는 것은 쉽다. 다 접으면 그만인 것이다. 그러나 포기를 하고 나면 아무 것도 남는 것이 없다. 성공할 수 있을 때까지 노력을 하면 성공할 수 있는 것이다.

우리 옛 속담에 '지성이면 감천'이라는 말이 있다. 무슨 일이든 정성을 다하면 하늘도 감동한다는 말이다. 그러니 하늘이 감동할 만큼 열심히 하면 곧 성공할 수 있는 것이 아닐까.

군대를 제대한 후의 일이다. 어머니는 적령기가 된 나에게 결혼을 권유하면서 몇몇 군데 선을 보라고 하셨다. 선을 보러 나간 나는 대충 몇 마디 이야기를 한 후 돌아와서는 마음에 안 든다고 하자 어머니께서 이런 말씀을 하셨다.

"20%만 마음에 들면 그 사람을 더 만나 보아라. 자꾸 만나다 보면 몰랐던 점도 알게 되고, 미운 점도 좋아 보일 때가 있다. 한눈에 들어오지 않는다고 그렇게 휑하니 와 버리면 어떻게 사람을 만날 수 있겠니?"

하는 일이 어렵고 힘들 때, 맞선 본 남자가 마음에 들지 않더라도 자꾸 만나다 보면 좋은 점도 발견할 수 있을 거라는 어머니의 말씀처럼, 꾸준히 노력하다 보면 좋은 결실을 맺을 수 있다는 생각이다.

얼마 전 승진을 한 국장의 소감 한 마디는 많은 직원들에게 좋은 본보기를 제공했다.

"저는 정말 아무 것도 할 줄 모르는 평범한 아줌마였습니다. 그러나 사장님께서 꾸준히 교육을 시키고 훈련을 시킨 결과 임원 자리에 오르게 되었습니다. 사장님 말씀 대로 다른 것은 다 해도 포기만은 하지 않았습니다. 그랬더니 저에게도 이런 영광이 오는군요. 여러분들도 포기하지 말고 끝까지 열심히 하셔서 인생의 승리자가 되십시오."

성공을 하려면 '코에 넣은 생콩이 익도록' 열심히 하라. 언뜻 들어보면 평범하게 느껴지는 이 말은 무한한 진리를 담고 있다.

한솥밥을 먹는다는 것

한솥밥을 먹다라는 말이 있다. 아주 가까운 사이라는 뜻이다. 같이 회사를 다니는 사람을 한솥밥을 먹는다고 표현한다. 이는 곧 공유한다는 뜻이다. 직장을 터전으로 생활을 공유하는 것이다.

한솥밥을 먹을 때 가장 기본적인 것은 우선 밥을 먹을 수 있도록 해놓아야 한다. 그래야 모든 사람들이 그 밥을 먹고 건강하게 살 수 있는 것이다. 한솥밥을 먹으면서도 사람들은 각양각색의 생각을 한다. 밥을 먹을 수 있도록 해놓아도 어떤 사람은 밥이 맛있겠다는 생각을 하고, 어떤 사람은 저 밥을 먹고 내가 탈나면 어떻게 하나 걱정하는 사람이 있다. 후자는 매사에 부정적인 사람이다.

21세기는 공유하는 시대이다. 아무리 똑똑하고 잘나도 다른 사람과 공유할 수 없으면 살아갈 수 없다. 과거에는 소규모의 가내공업 수

준에서 의식주 생활이 해결되었다. 옷 만드는 과정 하나를 보더라도 한 가족이 면화나 마를 재배하고, 그것으로 실을 잣고, 베틀로 옷감을 만들어 옷을 해입는 과정이 모두 가족 단위에서 가능했다.

하지만 지금은 어떠한가. 18세기 산업 혁명으로 인해 대량 생산 시대와 분업화 시대가 도래한 이후 사정은 달라졌다. 대규모 농장에서 딴 면화는 곧바로 실을 생산하는 공장으로, 다시 실은 옷감을 짜는 공장으로 옮겨진다. 그 옷감을 가지고 전문 디자인들이 디자인을 하고 재봉 공장에서 완성된 옷을 만들어 시장에 내다 판다. 우리는 완성된 옷을 시장에서 사다 입는다.

이렇듯 현대는 모든 과정이 여러 사람의 손을 거쳐 만들어진다. 한 솥밥을 먹는다는 개념이 좀더 광범위해지고 포괄적이 되었다. 과거 가내공업 수준에서 일을 하던 때보다 생산성이 늘어났고, 생산성이 늘어난만큼 책임감은 훨씬 커지게 되었다. 사회가 발달할수록 분업화는 더 세밀한 부분까지 확대되어 간다. 이제는 혼자서는 아무 일도 할 수 없는 시대가 되었다. 남과 함께 하지 않으면 결코 살아갈 수 없는 세상인 것이다. 말 그대로 공유하는 세상인 것이다.

공유해야 살아갈 수 있는 세상에서 가장 중요한 것은 무엇일까. 바로 사랑과 협동심이다. 남을 사랑하지 않는 사람은 공유하는 세상에서 살아갈 수 없다. 남을 사랑하는 것이 곧 나를 사랑하는 길이다. 사랑의 바탕은 서로를 신뢰하는 것이다.

소위 한솥밥을 해먹는 사람들이 서로를 믿지 못하면 그들은 아무것도 할 수 없다. 서로를 헐뜯고, 남이 잘 될까봐 견제하고 하다 보면 그 결과는 결국 자기 자신에게로 돌아오게 되어 있는 것이다.

그렇다면 공유의 시대에 리더들이 해야 할 일은 무엇인가. 많은 사람들이 어우러져서 일할 수 있는 터전을 만들어 주는 것이다. 훌륭한 능력을 가지고 있어도 일할 터전이 없으면 소용이 없다.

베트남이 패망하고 나서 많은 국민들이 보트피플 신세가 되었던 것을 생각해 보자. 베트남은 비교적 자원이 풍요로운 나라였지만 전쟁으로 패망하는 바람에 국민들은 갈 곳이 없어 배를 타고 이 나라 저 나라를 떠도는 민족이 되었던 것이다. 아무리 잘 살고 싶고 행복하고 싶어도 터전이 없으면 아무 것도 이룰 수 없다. 제1의 터전은 국가이다. 나라가 없으면 그 국민은 아무 것도 할 수 없다.

우리 윗세대들은 일제 강점기 동안 나라 없는 설움을 받으며 살아야 했다. 아무리 능력이 있어도 단지 조선인이라는 이유로 박해를 받고 차별을 받아야 했다. 그 아픔은 아직까지도 이어지고 있다. 역사 교과서를 왜곡하는 일본의 행태는 우리가 약소하기 때문에 행해지는 것이다. 나라는 중요한 터전이다. 우리 모두는 이를 잘 지킬 의무가 있다.

일을 하는 사람들은 일할 터전이 있어야 한다. 세계 경영을 표방하던 대우가 경영 잘못으로 무너지고 나자 대우에서 일하던 많은 근로자들은 하루 아침에 일자리를 잃었다. 이제 대우라는 터전은 사라진 것이다. 일자리를 잃은 사람 중에는 능력과 기술력이 뛰어난 사람들도 있을 것이다. 하지만 그렇게 능력이 있고, 기술력이 뛰어나도 일할 터전이 없으면 무슨 소용이 있는가.

리더는 일할 능력이 있고 의욕이 있는 사람들이 마음껏 일할 수 있는 터전을 만들어 주어야 하고, 직원들은 그 터전이 있을 때 부품을 아끼고 시간을 아끼는 등 단합을 하여 그 터전에서 비전을 가지고 나아가야 한다. 서로가 서로에게 바탕이 되고 터전이 되어야 한다. 이것을 한솥밥 먹는다, 공유한다고 한다. 정보화 시대가 되고 과학이 점점 더 발달할수록 능력 있는 사람들끼리 뭉쳐야 한다. 거기에는 사랑과 정성과 믿음이 기본이 되어야 한다. 그것이 없으면 절대 공유할 수 없다.

훌륭한 리더가 갖추어야 할 것들

나는 세계적인 마케팅 전문가들로부터 배운 지식을 많은 사람들과 공유해야겠다는 생각으로 컨설팅 회사를 경영했다. 세계적인 기업을 운영하고 있는 그들은 바쁜 시간을 쪼개어 자신의 경영 노하우와 철학을 수강자들에게 전수해 주었다. 그때 나는 그들의 열정적인 모습을 보면서, 참으로 경이롭게 느껴졌다.

"저렇게 바쁜 사람들이 돈 되는 일도 아닌데 무엇하러 저처럼 열정적으로 강의하는 걸까?"

그런데 내가 막상 마케팅 전문가가 되고 나니 내가 알고 있는 지식을 공유하고자 하는 욕구가 생겼다. 내가 알고 있는 성공 경영 기법을 많은 사람들에게 알려 주어 모두가 성공할 수 있는 길로 이끌어 주고 싶었다.

성공하는 리더가 되려면, 먼저 다음과 같은 요건을 갖추어야 한다.

1. 우선 자기 스스로 성공으로 이끌어주는 마인드가 있어야 한다. 사원의
   자세가 아닌 리더의 자세를 갖춰야 하는 것이다.
2. 모범을 보여야 한다.
3. 말과 행동이 같아야 한다.
4. 상대방을 섬길 줄 알아야 한다.
5. 용기와 비전을 주어야 한다.
6. 인격과 책임과 능력을 가지고 있어야 한다.

이것이 리더가 갖추어야 할 조건의 80%이고 나머지 20%는 그야
말로 기술적인 문제이다.

그중에서 가장 중요한 것은 역시 리더의 인격일 것이다. 아무리 리
더십이 뛰어난 사람도 그 사람이 인격적으로 완성되지 않으면 그가
가진 리더십은 사회의 해악이 될 수 있다.

세계 대전을 일으킨 히틀러는 리더십이 탁월한 사람이었다. 이미
십대에 많은 공장 노동자들을 선동해 노동 운동을 할 정도로 웅변도
뛰어난 인물이었다. 그는 자신의 이러한 능력을 바탕으로 독일에서
최고 권력 자리에 올랐다. 그러나 그 다음이 문제였다. 세계 정복 야
욕에 불타 전쟁을 일으킨 것이다. 세계 대전 중 유태인 학살은 세계
역사상 유례없이 악명 높은 일이었다. 그는 인격적으로 흠이 많은 사
람이었다. 어린 시절에 어머니로부터 버림을 받았다는 설도 있다. 독

일은 옳지 못한 철학을 가진 리더 한 사람 때문에 오랫동안 전쟁을 일으킨 전범국으로 낙인 찍혔고, 전쟁의 후유증으로 극심한 고통을 겪어야 했다. 한 나라를 이끄는 사람의 잘못된 철학이 온 나라를, 온 세계를 불행으로 몰아넣은 극명한 사례이다.

비단 한 나라뿐만이 아니다. 가정에서 가장이, 직장에서 최고 경영자의 철학이 올바르게 확립되어 있어야 모두가 행복한 삶을 살 수 있다.

컨설팅을 시작하자 기업체에서 강의 요청이 왔다. 가끔 주부 사원이 중심이 되는 회사에 강의를 가면 황당한 경우가 종종 있다. 방금 밥을 하다가 나온 사람들처럼 후줄근한 옷차림새 하며, 머리 모양 등 도무지 직업 전선에 뛰어든 사람들의 자세를 갖추지 않은 사람들이 더러 눈에 띈다. 차림새나 말투 등은 곧 그 사람의 정신 상태를 알 수 있게 해주는 것이다. 프로 직업인이라면 보이지 않는 부분까지도 준비를 해나가야 한다. 방문 판매를 하는 사람들에게 있어 가장 중요한 것은 바로 신뢰이다. 상대방에게 믿음을 주어야 한다. 아무리 머릿속으로 많은 정보를 가지고 소비자에게 다가가도 일단 겉 모양새가 거부감을 준다면, 그 사람은 성공하기 힘들다. 설사 성공을 한다고 해도 남보다 몇 배 노력을 들이지 않으면 안 된다.

나는 그들에게 기본적인 언어 예절에서부터 옷 입는 것까지 하나하나 교육했다. 세계적 마케팅 전문가들로부터 교육을 받을 때 말씨, 옷맵시, 바른 자세 등 사소한 부분까지 교육을 받았다. 그때 나는 좀 유치하다는 생각도 들었다. 그런데 나중에 보니 그러한 사소한 교육은 리더가 갖추어야 할 기본이었다.

이러한 외면적 모습은 가장 기본이었고, 내가 중요시하는 것은 내면적이고 정신적인 문제였다. 우리 나라 방문판매 사원들은 두 가지 핸디캡을 가지고 있다. 우선은 지금까지 많은 방문 판매 회사들의 제품들이 신빙성이 없다는 것이다. 또 하나는 방문 판매 사원들의 이미지이다. 제품에 신빙성이 없다는 것은 소비자에게 손해를 끼친다는 이야기이고, 사원들의 이미지가 나쁘다는 것은 사원 그 자신이 손해가 되는 부분이다.

방문 판매 사원들이 성공하려면 우선은 소비자에게 손해나는 물건을 팔아서는 안 된다. 사실 이 부분은 방문 판매를 하는 사원의 문제가 아니고 회사의 문제이다. 회사에서는 소비자에게 손해가 되는 제품을 만들어서는 안 되겠지만, 우선 회사를 선택할 때, 그 회사의 제품에 대한 정확한 정보를 가지고 판단을 해야 한다. 방문 판매 회사는 또한 소비자에게 손해를 끼칠 수 있는 제품을 만들어서는 안 되는 것이다. 사원들이 당당하게 마케팅을 할 수 있는 바탕을 마련해 주어야 하는 것이다.

회사의 제품이 좋으면 그 다음부터는 사원 스스로의 문제이다. 자신의 이미지를 좋게 하기 위해서는 여러 가지가 있겠지만, 먼저 그 자신의 마음부터 소비자를 대하는 태도가 달라져야 한다.

리더 양성 교육을 하면서 내가 가장 강조한 것은 먼저 인격부터 갖추라는 것이었다. 히틀러의 예에서 보듯이 철학이 올바르지 않으면, 인격이 제대로 형성되어 있지 않아 남에게 많은 피해를 주고도 그것이 어디가, 왜 잘못되었는지 모른다. 아니, 오히려 당연하다고 여기는 경우도 있다.

따라서 모든 일의 기본은 인격을 갖추는 것이다. 인격을 갖추고, 소비자에게 유익이 되도록 사랑과 정성과 봉사를 다할 때 그 사람은 성공할 수 있고, 자기 자신이 행복할 수 있는 것이다.

단지 매출 위주의 판매는 자칫 소비자에게 심각한 피해를 줄 수 있다. 진정으로 소비자를 위하는 마음이 되어야만 한다. 이것이 장기적인 안목이다.

자기를 희생해서 남을 변화시키라

누군가 내게 리더가 해야 할 일이 무엇인지 물으면 나는 다음 두 가지로 집약해서 답한다.

1. 리더는 능력자이다. 때문에 자기 중심으로 하면 실패한다. 상대방 중심으로 일을 지도할 수 있는 지도자가 훌륭한 리더이다.
2. 리더는 자기를 희생하면서 다른 사람을 변화시킬 수 있어야 한다.

인성이라는 회사를 설립하면서, 나는 왜 회사를 설립하는지에 대해 목표를 뚜렷이 세웠다. 첫째는 능력 있는 전문가를 양성하는 것이고, 그 전문가들로 하여금 사회에 봉사할 수 있는 기회를 열어 주는 것이었다. 사원들에게 자신도 모르는 잠재 능력을 일깨워 주고, 전문가로 길러 그 개인뿐만 아니라 국가에 도움이 되도록 하려는 것이었다.

인성이라는 곳이 단순히 돈만 버는 직장이 아닌, 인성으로 인해 진정한 삶의 보람을 찾을 수 있는 직장이 되게끔 기업 문화를 가꾸어가는 것이 목표였다. 사원들이 직업적 안정감을 가질 수 있고, 보람도 함께 느낄 수 있는 것이 인성의 문화인 것이다.

나는 사원들이 단순한 샐러리맨, 혹은 세일즈맨의 차원에서 벗어나 그 스스로 작은 경영인, 리더가 되도록 시스템을 갖추어 놓았다. 매출 중심의 회사가 아닌 리더를 양성하는 회사로 시스템을 마련한 것이다. 이를 위해서 회사로서는 많은 자본과 시간을 투자해야 하지만, 장기적인 안목을 가지고 그렇게 하는 것이다. 당장은 자본과 시간과 노력이 드는 일이지만, 궁극적으로는 사원은 물론이고 회사에 이익이 되는 일이다. 능력을 갖춘 사람들이 많아질수록 회사의 능력이 확대되는 것이기 때문이다. 유태인의 경전인 탈무드에 나오는 '고기를 잡아주지 말고 고기잡는 법을 가르치라'는 말과도 일치한다고 할 수 있다.

내가 리더 양성 교육을 하면서 가장 많이 쓰는 말이 사랑과 정성과 봉사이다. 이 세 가지가 없으면 리더가 되기 힘들기 때문이다. 때문에 리더가 되려는 사람은 사랑과 정성과 봉사 정신이 가장 먼저 길러져야 한다. 그것이 없으면 진정한 리더가 될 수 없다.

사람들은 일을 할 때 흔히 자기 중심적으로 일을 한다. 이는 어쩌면 당연한 일이다. 사람은 자기가 알고 있는 지식, 자기가 경험한 것, 느낀 것 중심으로 판단을 하고 행동을 하게 되어 있기 때문이다. 그래서 모든 인간은 자연스럽게 자기 중심으로 행동을 하게 되는 것이다. 그러나 훌륭한 리더는 다르다. 자기중심적인 사고와 행동을 바꾸는 자가 훌륭한 리더가 될 수 있다.

대학 교수가 유치원생 앞에서 강의를 한다고 가정할 때, 교수 스타일로 유치원생을 다루면 어떻게 되겠는가. 유치원생은 감당을 하지 못하게 된다. 유치원생 앞에서 강의할 때는 비록 그가 대학교수라도 유치원생에게 맞게 강의를 해야 하는 것이다.

가정 교육에서도 마찬가지이다. 아이들이 아이들답게 공부할 수 있고, 아이들의 문화를 이해하는 분위기를 조성해 주면서 엄마의 스타일로 이끌어 가야 문제가 없는 것이다. ①아이들을 기를 때 즐겁고 재밌게 지도하는가, ②아이들에게 비전을 주는가, ③공부하는 방법을 정확하게 가르쳐 주는가, ④아이들에게 목표를 주고 있는가, 이런 것을 항상 염두에 두고 아이들에게 가르쳐 주면 아이들 문제도 어려움 없이 해결되리라고 믿는다.

가끔 어떤 리더들은 사원들에게 불같이 화를 내는 경우를 종종 본다. 화를 내거나 야단을 치는 것은 일시적인 효과를 거둘 수 있을지는 모르지만 장기적으로는 전혀 효과를 거둘 수 없다. 야단을 듣는 사람들로 하여금 불만만 쌓이게 하는 것이다.

잘못을 감싸 주고, 단점을 보완해 주면서 하나하나 정확하게 가르쳐야지 모른다고 화를 내거나 야단을 치면 진정한 리더라고 할 수 없다. 때문에 리더는 굉장한 인내심과 사랑이 필요하다. 그것이 없으면 남을 변화시킬 수 없다.

또한 한 사람을 변화시켜 리더로 만드는 일은 봉사 정신이 없으면 이루어지기 힘들다. 사랑으로 감싸 주고 보살펴주기까지에는 어느 정도의 희생이 따라야 하고, 그 희생에 대한 대가를 바라면 안 된다. 시간을 투자하고 이익을 남기려고 하면 안 된다. 그것을 바라면 봉사를 할 수 없는 것이다. 봉사는 바라는 게 없어야 한다. 마음을 비우고 하는 것이 봉사이다.

리더는 아래 직원들을 뽑으면 그 사람들의 잠재된 능력을 개발해 주고, 프로가 될 수 있도록 보살펴 주어야 한다. 그럴 때 집착을 한다든가, 화를 낸다든가 하면 그 사람의 능력을 개발하기는커녕 오히려 자신감을 잃게 만들고, 열등감을 생기게 할 수 있는 것이다. 리더는 항상 용서하고, 감싸 주고, 사랑해 주어야 한다.

흔히 기업에서 사원을 뽑을 때 학교에서 공부를 잘한 사람을 뽑는다. 학교에서 공부 잘하는 것 하고, 사회에서 직장에서 일을 잘하는 것은 별개의 문제처럼 보이지만 사실은 그렇지 않다. 공부를 잘한 사람들은 학교 문화에 보다 긍정적인 사고를 가졌다는 것을 의미한다. 긍정적인 사고를 가졌고, 열심히 했기 때문에 기업에서 성적이 좋은 사람을 선호하는 것이다. 그런 사람들을 뽑아 그 사람의 잠재된 능력을 개발해 주어야 하는 것이 기업이 할 일이다. 그러나 대부분의 기업에서는 성적이 좋은 능력이 좋은 사원을 뽑고도 개개인의 잠재된 능력을 개발해 주는 데 소홀히 하는 경향이 있다.

진정한 리더는 그들에게 사랑과 정성과 봉사 정신으로 비전을 제시해 주고, 용기를 주어 그 사람의 잠재되어 있는 능력을 깨어나게 하여야 한다. 또한 진정한 경영자는 사원들의 능력을 소모시키기보다 잠재 능력을 개발해 주어 열 사람이 일을 하더라도 백 사람의 몫을 할 수 있도록 해주어야 하는 것이다.

일방적으로 기업을 사랑하라고 하지 말고, 자연스럽게 기업을 사랑할 수 있도록 기업 문화를 만들어가는 경영자가 되어야 한다. 기업 문화가 바뀌면 일하러 다니는 사원들의 마인드가 바뀌고 회사를 사랑하는 마음이 생기게 된다. 그래야 사원들도 기업이 소중한 걸 알고 기업과 함께 가려고 노력하게 되는 것이다. 직장이라는 곳이 단순히 돈이나 벌러 다니는 곳이라면 얼마나 힘이 들 것인가. 단순히 직업으로만 여기는 곳이 아닌, 함께 발전해 나가는 생활의 터전이 되어야 회사도 발전하게 되고 사원도 발전할 수 있는 것이다.

"리더가 반드시 지켜야 할 것은 바로 사랑과 정성과 봉사 정신이다." 흔히 리더들은 자신이 많이 배우고 아는 것도 많으니까 자기 중심적으로 생각하기 쉬운데, 그렇게 하면 다른 사람을 변화시킬 수 없다. 다른 사람의 잠재 능력을 개발하려고 하고, 다른 사람을 수용하는 마음으로 사랑으로 그 사람을 개발해 줄 때 좋은 리더가 될 수 있다.

인재 스카웃에 대하여

얼마 전, 떠들썩하게 신문의 경제면을 장식한 사건이 있었다. 한 반도체 회사의 직원이 경쟁사로 스카웃되어 가면서 기업의 특급 기밀을 빼돌린 사건이 그것이다. 그들은 스카웃 비용으로 거액의 돈을 받은 것으로 드러나 충격을 준 바 있다. 그들의 도덕성은 말할 것도 없고, 그들을 스카웃 한 회사도 충분히 비난받을 만한 사건이었다.

그 사건을 보면서 나는 다른 회사의 직원들을 스카웃하는 것이 회사 경영에 얼마만큼 이득이 되는지 자문해 보았다. 스카웃은 많은 시간을 투자하지 않고 보다 손쉽게 고급 인력을 확보하고 싶은 욕심에 능력 있는 다른 회사의 직원을 많은 돈을 준다는 조건으로 데려오는 것이다. 그럴 경우 물론 상대방 회사의 노하우도 쉽게 배울 수 있을 것이다.

그러나 나는 직원들을 스카웃하는 것이 여러 가지 측면에서 바람직하지 않다고 생각한다. 스카웃해 온 사원은 대개 그 회사의 기업 문화와 조직에 좋지 않은 영향을 미칠 수 있다.

왜냐 하면 그들은 전에 다니던 회사의 이념과 방향에 젖어 있기 때문에 새로운 회사에서 일하려면 그 회사의 방향과 이념에 적응하기 위해 오랜 시간이 걸리기 마련이다.

그렇기 때문에 스카웃을 해온 직원들은 돈, 월급 등을 보고 일을 할 뿐이지 마음을 같이 하지 못하는 경우가 많다. 다른 회사에서 더 많은 돈을 주고 스카웃을 한다고 손을 내밀면, 그들이 손을 뿌리칠 이유가 없는 것이다.

나는 경영에서 가장 중요한 것은 바로 경영자들과 사원들의 마음이라고 생각한다. 이것은 곧 인간 경영의 핵심이기도 하다. 경영자나 사원이나 모두 돈을 보고만 일을 할 수 없다. 사장과 사원이 이념을 공유해야 한다. 그러나 인재를 스카웃하면 이념을 공유하는 것이 참으로 힘든 일이다.

때문에 나는 다른 회사에서 충분히 경력을 쌓고 능력을 인정받은 인재를 스카웃하는 것을 달갑게 생각하지 않는다. 내 기업에 온 사람을 내가 공들여 훈련시켜서 내 마음을 아는 사람만이 함께 일할 수 있는 것이다. 물론 스카웃이 꼭 필요한 경우가 있을 것이다. 다른 기업에서 아주 우수한 기술력을 가진 사람을 스카웃해서 몇 개월 정도 기술을 써먹을 경우이다. 그러나 이것은 굉장히 위험한 모험이다. 많은 경영인들이 스카웃한 인재를 데려다 놓고 월급만 주면 된다는 생각을 한다.

하지만 앞으로 미래 사회에 기업을 경영하는 사람들은 스스로 전문가가 되어야 한다. 인재를 양성하고, 그의 잠재 능력을 일깨워 주어 한 사람의 완성된 인격체로 만들어가려면 전문가가 되지 않으면 어려운 일이다. 경영인이 돈만 있어서는 안 되는 시대가 왔다. 과거처럼 사우나에 가고, 골프 치고, 룸살롱에서 접대하면서 로비만 하면 된다는 식의 회사 경영이 다라는 생각은 하루 빨리 바뀌어야 한다.

이는 비단 기업인에만 국한되는 것이 아니다. 한 나라를 경영하는 정치인도 마찬가지로 전문가가 되지 않으면 안 된다. 기업을 하면 정치 문제에 대해 민감해질 수밖에 없다. 전문인이 아닌 정치인들은 국민들의 세금만 축내게 되어 있다. 국회에서 정책 입안은 하지 않고 정치자금을 준 기업인들에게 특혜를 주곤 했다. 특히 우리 나라와 같이 정경유착이 일반화된 풍토에서는 정치 문제는 기업인들에게 지대한 영향을 미친다. 80~90년대까지만 해도 우리 나라는 정경유착으로 인해 많은 폐해가 있었다.

얼마 전에도 한 정치인이 후원회 행사를 하면서 지방에서 대대적으로 사람들을 불러모아 물의를 일으킨 적이 있다. 지방에서 올라온 많은 사람들은 그 모임이 누구의 후원회인지 알지 못하고, 단지 일당을 주고 서울 구경을 시켜준다니까 올라왔다는 사람들이 많았다. 행사장 일대는 온통 교통 마비가 되는 소란을 겪었다. 후원회 행사를 하면서 자신의 세를 과시하려고 한 경우이다. 세를 과시하려고 하지 말고, 보다 국민에게 유익하고 편리한 정책이 무엇인가를 생각하여야 하지 않았을까. 우리 나라가 어려움을 겪는 것도 정치인들이 정치에 관해 전문 능력을 갖추지 못했기 때문이라고 생각한다. 스스로 전문가가 되려는 노력은 하지 않고 단지 돈으로 표를 산다든가, 세를 과시하려는 구태의연한 행동을 아직도 하고 있는 것이다.

언젠가 한 목사님이 초등학생들을 여름 캠프를 보내는데, 그 아이들에게 이 다음에 커서 무엇이 될 지 물어 보았다고 한다. 선생님, 의사, 변호사, 판사, 군인, 과학자 등 다양한 대답이 나왔지만 국회의원이나 정치인이 되겠다는 아이는 한 아이도 없었다고 한다.

목사님은 그 이야기를 전해 주면서 우스갯소리로 말했다.

"우리 나라 아이들은 참 순수하고 착해요. 국회의원이 되면 권모술수에 능하고 거짓말을 해야 한다는 걸 아는지, 한 사람도 손을 들지 않더군요. 어떻게 아는지, 허허!"

목사님 이야기를 들으면서 함께 웃기는 했지만 씁쓸한 마음을 감출 수 없었다. 정치인들이 얼마나 좋지 않은 모습으로 비쳐졌으면 아이들이 장래 희망으로 꼽지 않았을까 하는 생각이 들었다.

기업인이나 정치인들은 사회의 리더이다. 리더는 전문성을 갖추어야 하는 것은 물론이고 책임과 의무를 다해야 한다. 전문가가 되어서 능력과 인격을 겸비한 많은 인재를 양성해 국가가 발전하는 데 보탬이 되어야 할 것이다.

기업 평가는 CEO가 척도가 돼야

한 텔레비전 프로그램에서 우리 사회에서 차별받는 여성들에 대한 애환을 다큐로 제작하여 방영한 적이 있다. 그 여성들은 키가 작고, 늘씬하지 않고, 못 생겼다는, 지극히 주관적인 이유로 차별을 당한 경험이 있었다.

그녀들은 한결같이 학교 성적이 우수하고, 성실하다고 인정받은 건강한 여성들이었다. 그런 여성들이 단지 '용모가 단정하지 않다'는 이유로 입사 시험에서 면접으로 떨어진 것이었다.

그 프로그램을 보면서 좀 의아한 생각이 든 게, 지금은 사원 모집 광고에 용모 단정이라는 문구를 못 넣도록 되어 있는데, 왜 그 여성들은 차별을 당했는지 하는 것이었다. 그 여성들의 말을 빌자면 딱히 용모 단정이라는 표기만 안 했을 뿐 실질적으로 용모는 여성 사원들을 뽑는데 상당한 영향력을 미친다고 했다. 어느 여성은 그것 때문에 가난한 부모를 졸라 성형 수술까지 했다고 한다. 시쳇말로 '쭉쭉빵빵' 하면 그 여성이 능력이 있다는 것인지, 혹은 일을 더 효율적으로 할 수 있다는 것인지 참 한심한 발상이 아닐 수 없다.

그 프로그램을 보면서 입맛이 개운치 않은 것은, 여성을 아직도 능력보다는 직장의 꽃쯤으로 생각하는 사회의 편견과 겉모습만 보고 평가하는 우리 사회의 단면을 보여 주었기 때문이다.

우리 사회에서 기업을 평가하는 것도 이와 크게 다르지 않다고 생각한다. 가끔 신문을 보면 우리 나라 100대 기업, 30대 기업, 10대 기업 등 기업 순위가 나온다. 기업의 순위는 매출액 기준이다. 이러한 기업의 순위는 곧 그 기업의 신뢰도이다. 은행에서 대출을 받으려면 30대 기업인가, 아닌가가 매우 중요한 기준이 되기도 한다. IMF 이후 조금은 인식의 변화가 생기긴 했지만 우리는 여전히 매출액 기준으로 기업을 평가하고 있다.

물론 매출액 기준으로 기업을 평가하는 것이 언뜻 보면 가장 단순하고 명백할 수도 있다. 매출액이 나타내는 것은 기업의 규모와 비례하기 때문이다. 규모가 큰 회사일수록 자금이나 자산 등 규모가 안정적인 가능성이 높다. 그러나 그것은 단지 가능성일 뿐이다.

매출액 중심의 기업 평가가 외모만 보고 사람을 평가하는 것과 무엇이 다르단 말인가. IMF이후 기업 구조 조정을 하면서 이러한 매출액 중심의 기업 평가가 얼마나 허구인지를 여실히 보여 주었다. 절대 쓰러지지 않을 것 같았던 많은 기업들이 하루 아침에 문을 닫는가 하면, 문을 닫을 지경에 이르렀다.

　매출액 순위로는 각 분야에서 1, 2위를 다투는 대기업들이 어음을 막지 못해 부도 사태까지 가는 것도 보았다. 겉으로는 멀쩡한, 아니 화려하게까지 보였던 기업들이 하루 아침에 무너지는 것을 보고 국민들은 이러다 모든 기업들이 다 문을 닫는 게 아닌가 하는 불안감마저 들었을 것이다.

　이런 사태는 사실 놀라울 것도 새삼스러울 것도 아니다. 이미 예견된 것이었다. 대기업들은 그간 선단식, 문어발식 경영으로 기업의 외형만을 부풀려놓았을 뿐, 내실은 소홀히 하였다. 한 그룹에서 여러 개의 기업을 거느리고 그룹 내 기업끼리 맞보증을 서고, 은행돈을 빌려 외형을 늘리는데 급급해왔다. 일단 외형을 늘려 놓으면 우리 사회에서 기업하기란 너무나 쉬웠기 때문이다. 은행돈을 빌려 부풀려 놓은 외형 덕분에 또 은행돈을 빌리는 식의 경영을 해온 것이다. 그 덕분에 회사는 커졌지만 부채 비율이 엄청나 기업의 체질은 허약해질 대로 허약해져 있었다.

　그룹 내에서 돈을 잘 버는 기업이 하나 있으면 그 기업은 다른 기업의 적자를 메우느라 급급한 경우도 있었다. 이렇게 외형을 부풀려 놓은 기업에 은행들은 대기업이라는 이유로 돈을 함부로 빌려 주었다가 돈을 받지 못해 은행들을 부실로 몰아 넣었다. 은행의 부실은 국가 경제의 부실로 이어졌고, 모두 고스란히 국민들 몫이 되었다. 실업자들이 늘어났고, 사회의 질서가 어지럽혀졌다. 국민의 세금이 다 소모되어 재정이 바닥나버렸고, 그 때문에 국민 부담은 점점 더 늘어나게 된 것이다. 모두 기업을 외형만 보고 평가한 결과이다.

국가 경제야 어떻게 되든, 이렇게 매출액 기준으로 기업을 평가하는 것은 바람직하지 않다. 기술력으로만 기업을 평하는 것도 썩 바람직하지 않다. 건물만 있으면 그 회사가 좋은 회사라는 인식도 이젠 바뀌어야 한다. 국민을 기만하고 사기를 쳐도 돈만 많으면 괜찮다는 것인가. 정부 돈은 갖다 쓰고 갚지 않아도 된다는 것인가. 이제 그런 사고는 바뀌어야 한다.

기업 평가는 기업의 방향이 무엇인지, 기업에서 어떤 일을 하고 있는지, CEO가 얼마 만큼 성실하고 책임감, 능력이 있는지, 기업 문화는 어떤지, 그 기업의 사회 기여도는 얼마 만큼 되는지 등을 살펴 기업을 평가하여야 할 것이다. 기업이 얼마나 사회에 유익한지, 기업의 이윤이 어떻게 쓰이는지를 보아야 할 것이다. 또한 기업의 도덕성도 따져야 할 것이다.

과거 경제 개발 시대에는 기업을 양적 성장에 초점을 맞추어 평가를 했지만, 지금은 달라졌다. 그 회사의 질적인 면을 보아야 한다. 이미 선진국에서는 기업 평가를 함에 있어 이념을 매우 중요시한다. 우리 나라도 하루 빨리 그렇게 되어야 할 것이다.

부패 라운드라는 것이 있다. 세계 각국이 협약해 부패한 국가, 부패한 기업과는 교역을 하지 못하도록 하는 것이다. 가령 국가 원수가 독재자라든가, 권력층과 기업이 결탁해 정경유착을 한다든지, 부실 기업을 정부에서 보호해 준다든지 등 일종의 부패의 유형을 보이는 국가, 혹은 기업은 이제 세계 어느 나라와도 교역을 할 수 없도록 한 것이다. 만일 부패 라운드가 발효가 되면 우리 나라는 어느 정도일까, 기업들은 어떤 영향을 받을지 이제는 진지하게 생각해야 할 때다.

21세기는 도덕의 시대이다. 아무리 지능이 우수하고, 능력이 뛰어나도 도덕성이 없는 사람은 리더가 될 수 없다는 것이다.

기업도 마찬가지이다. 도덕성에 문제가 있는 기업은 사회에 뿌리내리기 힘들게 될 것이다.

인맥으로 경영하던 시대는 갔다

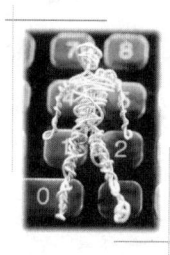

　사업을 하려는 사람들에게 가장 중요한 요소가 무엇일까? 많은 사람들이 자본, 기술, 시장을 들 것이다. 그렇다면, 대한민국에서 사업을 하려는 사람들에게 중요한 요소가 무엇이냐고 묻는다면 빠지지 않고 등장하는 단어가 있다. 인맥이다.

　학연, 지연, 혈연으로 구분되는 인맥은 사회 생활을 하는 데 중요한 요인이다. 때때로는 한 사람의 인생을 좌우할 정도로 강력한 힘을 발휘하기도 한다. 정치, 경제계는 물론이고 학계에서도 인맥이 없으면 성공하기가 힘들다고 한다.

　그러므로 우리 나라에서 사업에 성공하느냐 아니냐는 인맥이 좌우할 때가 많다. 인맥술을 다룬 책이 잘 팔리는 것도 이러한 이유 때문일 것이다. 사업을 하든 무엇을 하든 인맥 만들기에 정성을 쏟는다.

비즈니스를 하는 사람들이 실력을 쌓기보다는 술자리를 만드는 게 우선이고, 함께 술을 마시고 인간 관계를 만드는 것이 실력을 쌓는 일보다 중요하게 생각되었다. 우리 나라 룸살롱 문화는 인맥 만들기에 비롯되었다고 해도 과언이 아니다.

물론 다른 나라에서도 인맥은 성공하는 데 어느 정도 좌우되기도 한다. 비교적 투명한 사회 시스템이 정착되었다는 미국도 대통령이 바뀌면 4만 개나 되는 자리의 사람이 바뀐다고 한다. 같은 조건이라면 연고가 있는 쪽으로 팔이 굽는 것은 당연한 것이다. 단지 우리처럼 그것이 전부가 되는 경우는 거의 없다. 인맥보다는 실력이 더 중시된다.

실력보다는 인맥이 중시되는 사회이다 보니, 실력이 없는 사람이 잉여 대접을 받는가 하면, 실력이 있는 사람이 제대로 대접을 받지 못하는 경우도 있다. 좋은 인맥 덕에 좋은 자리에 있다고 색안경을 끼고 보는 것이다.

나도 종종 엉뚱한 오해를 받기도 한다. 한 번은 기업인 모임에 나갔는데 한 기업인이 나에게 이런 말을 건넸다.

"손 사장은 백이 든든한가 봅니다. 이 불경기에도 끄덕없이 사업을 잘 하고 있으니 말예요."

내가 여군 출신이니 으레 인맥이 많겠거니 하고 지레 짐작하는 것이다.

"이렇게 작은 사업을 하면서 내 인맥을 활용해요? 그런 인맥은 더 큰 사업을 할 때 활용해야지요."

농담으로 받아넘기기는 하지만 뒷맛이 개운치 않다. 정말 건실하게 실력을 쌓아 사업을 하는 기업인에게 인맥이 좋아 그러려니 생각하는 우리 사회의 인식이 안타깝다.

이제는 우리도 인맥으로 성공하는 시대는 갔다. 실력의 시대이다. 더불어 성실히 책임을 다하는 시대이다. 인맥으로 성공하는 것은 한계가 있다. 아무리 인맥이 좋아도 자기 실력이 없으면 도태되고 만다.

더욱이 지금은 소위 글로벌 경쟁 시대이다. 과거에는 우리끼리 경쟁을 했다면 이제는 세계인과 경쟁을 해야 하는 시대이다. 세계의 유수한 기업들과 경쟁을 해야 하는데 자신의 인맥이 무슨 소용이 있겠는가. 세계 시장에서 겨루려면 실력과 기술을 겸비해야 한다. 인맥으로 경영하는 방식이 20세기 방식이라면, 21세기는 전문가의 시대인 것이다.

사업을 하면서 나는 많은 사람들에게

후원하는 습관을 들이기로 했다.

그것이 원호기금 제도이다.

비록 작은 돈이라도 누군가에게는 크게 유용하게

쓰일 수 있다고 생각했기 때문이다.

사업이 아무리 어려워도 나는 후원 기금은

반드시 적립을 해나갔고,

일정액이 모이면 복지 시설에 기부하기도 했다.

4부 아름다운 세상을 위하여

원호기금

　얼마 전, 새로 진급한 부장과 국장들과 서울 하일동에 있는 '실로암의 연못'에 다녀왔다. 그곳은 하반신이 장애인 목사님이 운영하는 복지원으로 정부로부터 보조금을 받지 못하는 아주 어려운 형편에 있는 장애인 시설이었다. 그 시설에 관한 이야기를 전해들은 회사의 한 국장이 회의에서 그들을 도와 주었으면 좋겠다는 의견을 내놓았다.

　마침 새로 진급한 사원들이 있어 우리 기업의 이념과 문화에 대해 체험을 할 겸, 그들을 데리고 복지원을 찾은 것이었다.

　우리 나라의 경우 복지 시설이 정부에 등록한 복지원에만 보조금을 주도록 되어 있는데, 법인으로 등록을 하려면 만만치 않은 기금이 마련되어야 한다. 정부에 등록되어 있는 복지 시설은 수용 인구에 비해 턱없이 부족해 많은 사람들이 미등록 사설 복지원을 운영하고 있는 실정이다. 이같이 미등록 복지원은 물론 정부의 보조금을 한 푼도 받을 수 없다. 때문에 시설이 열악하고, 매달 운영비도 조달하지 못해 극심한 경영난을 겪고 있는 경우가 많다. 그나마 독지가들에 의해 후원금을 받아 근근이 운영하던 시설들은 IMF 한파에 후원금들도 많이 끊겨 더욱 어려운 생활을 하고 있는 것으로 나타났다.

'실로암의 연못'도 미등록 시설이라 형편이 어려웠다. 장애인 목사님과 사모님이 얼마 되지 않는 후원금으로 운영하고 있었는데, 수용 인구는 점점 늘어나고 후원금은 줄어들고 있어 고생이 말이 아니었다. 시설도 장애인들이 생활하기에는 너무도 불편하였다. 하지만 그 복지원 사람들에게는 그보다 더 좋은 안식처는 없었다.

가족들마저 돌볼 수 없다고 하여 내팽개쳐진 장애인들이 목사님과 사모님의 헌신적인 보살핌으로 비록 누추하나마 편안히 몸을 누이고 밥을 먹을 수 있는 장소가 있는 것만으로 그들에게는 축복이었다.

복지원의 사모님은 몇 십 명이나 되는 장애인들의 빨래를 세탁기도 없이 빨아대느라 병이 나서 허리를 제대로 펴지 못할 정도로 고통을 당하고 있었다. 그렇지만 그들은 자신들의 고통을 고통으로 생각하지 않았다.

"남을 돕는다는 것, 봉사한다는 것은 결국 자기 스스로를 위한 일이 아닙니까?"

이런 말을 하고 해맑은 웃음을 짓는 목사님 부부를 보면서, 나는 그 어떤 얼굴보다도 아름답다고 느꼈고, 그들의 말에 충분히 동감이 갔다.

'실로암의 연못'에 우리 회사의 제품을 전달하고, 원호기금을 전달하고 돌아오는 차 안에서 사원들은 저마다 감동을 이야기하였다. 그 중에는 그런 시설을 처음 찾는 사람도 있었다. 그 사람은 자신이 지금까지 살아온 삶에 무척 부끄러움을 느꼈다고 했다.

우리 회사의 기업 이념 중 가장 우선 되는 것은 사랑과 봉사이다. 사랑과 봉사는 회사와 사원에게, 사원이 회사를, 또는 소비자를 사랑하고 봉사하는 차원을 넘어 이웃과 사회로까지 그 범위를 확대하고 있다.

어려서부터 할머니, 부모님께서 이웃과 마을을 위해 헌신적으로 봉사하면서 살아가는 모습을 보고 자란 나는 그렇게 하는 것이 생활의 일부가 되었다. 내 주머니에 무언가가 있으면 남에게 주는 것이 버릇이 되었다. 어려서 용돈을 넉넉히 청구한 나는 학급 아이 중에 도시락을 가지고 오지 못하는 아이와 자장면을 먹으러 다니기도 했다.

사업을 하면서 나는 많은 사람들에게 후원하는 습관을 들이기로 했다. 그것이 원호기금 제도이다. 비록 작은 돈이라도 누군가에게는 크게 유용하게 쓰일 수 있다고 생각했기 때문이다. 사업이 아무리 어려워도 나는 후원 기금은 반드시 적립을 해나갔고, 일정액이 모이면 복지 시설에 기부하기도 했다. 빚더미에 있을 때에도 후원 기금 적립을 그만둘 수 없었다. 그것은 하루 세 끼 밥을 먹는 것과도 같아 한 번이라도 빠뜨리면 마음이 편하지 못했다.

빚을 내서 기부를 한다면 남들은 웃을지도 모르지만, 나는 실제로 후원 기금은 빚을 내서라도 모았다. 그렇게 해서 우리 회사가 있던 지역의 학생들에게 학자금을 지급하기도 했다. 부끄럽지만 그 사실이 알려져 나는 1992년 서울 시민상을 수상하기도 했다.

나중에 사업에 재기하고 직원이 늘어나자 후원 기금 적립은 더욱 활성화되었고, 규모도 늘렸다. 그렇게 일정액이 모아지면 시설 방문을 했다.

그렇게 하다 보니 한 직원이 자기도 기금을 내겠다고 나섰고, 회사 내 사원들이 너도나도 참여하기 시작해 이제는 모두가 자연스럽게 후원 기금을 내게 되었다. 직원들은 월급날, 좋은 일 있을 때 자신의 형편이 닿는 데까지 천 원도 내고 몇만 원도 내 원호기금에 적립하는데 벌써 올해로 17년째에 이르렀다. 많은 사원들이 회사에서 사회봉사 정신을 배웠고, 회사에 들어와 얼마 지나지 않아 자발적으로 사회의 어두운 곳에 봉사하려는 마음으로 변화가 되었다.

그러자 후원 기금은 십시일반十匙一飯으로 큰 힘을 발휘할 수 있었다. 우리가 도와 줄 수 있는 시설 기관이 점점 더 늘어났고, 규모도 제법 커졌다.

직원들은 각기 주변에 도움이 필요한 사람을 찾아 추천을 해주기도 했고, 회사 내에 형편이 어려운 직원들의 자녀에게 장학금을 지급해 주기도 했다.

이밖에도 불치병, 난치병으로 질병의 고통을 겪고 있으면서 금전적으로 어려운 사람들에게 무료로 우리 회사의 식품을 지원하고, 상품이 들어가는 지역마다 지역 실정에 따른 봉사 활동을 한다. 환경 운동, 노인 문제, 가정 폭력 피해자와 미혼모 지원 등이 우리 회사에서 역점을 두고 있는 사회 사업이다.

처음 우리 회사에 들어와 이러한 문화를 미처 몸에 익히지 못한 사람들은 부담스러워하기도 했다. 그러나 어디까지나 자율적으로 이루어진다는 것을 안 사람들은 그러한 부담을 곧 털어 버렸고, 나중에는 더 적극적인 경우도 보았다.

직원들은 혼자서는 쑥스러워서, 형편이 어려워서 할 수 없었던 이웃 돕기를 회사 차원에서 하니 자신의 보람은 물론이고, 사회에 대한 책임감을 느끼며 후원 기금에 대해 굉장히 자랑스럽게 여긴다. 또한 인성내츄럴의 사원이라는 사실을 자랑스럽게 생각하는 것은 물론이다.

아직도 고아원에 기부하십니까

어느 토요일이었다. 경영자 모임에서 알게 된 어느 회사의 사장이 전화를 걸어왔다.

"손 사장, 내일 골프장에 함께 가실까요?"

"내일은 안 됩니다. 일이 있어서요."

거절을 하고 끊으려는데, 일요일은 쉬어야 하지 않겠느냐며 계속 함께 갈 것을 권유했다. 하는 수 없이 나는 우리 회사와 자매결연을 맺은 보육원에 사원들과 함께 자원 봉사를 가야 한다며 사정을 이야기했다. 그러자 그가 놀랍다는 목소리로 말했다.

"아직도 고아원에 기부하십니까?"

그는 내가 참으로 순진한 사람이라며, 고아원에 기부를 하면 표도 안 나고 혜택도 못받는데, 그런 일을 왜 하느냐고 되물었다. 그리고는 기왕 하는 거 신문이나 방송 등 불우이웃돕기를 할 때 한꺼번에 하면 회사 이름도 나고 좋다며 충고까지 아끼지 않으며 전화를 끊어 버렸다.

그의 전화를 끊고 나서 나는 헛웃음이 절로 나왔다. 이웃돕기나, 자원 봉사가 이름을 내기 위한 행위로 전락한 우리의 현실이 씁쓸하게 느껴졌다.

선진 외국의 경우 자원 봉사가 생활로 자리잡혔지만, 우리 나라는 아직도 일부 특정한 사람들만 하는 것으로 인식하고 있다. 그나마 복지원이나 보육원 등 시설 운영 비리가 보도되기라도 하면 후원금을 보내 주던 사람들도 썰물처럼 빠져나간다고 한다.

'아직도 고아원에 기부하십니까?'라고 묻던 사장의 전화를 끊고 나서 나는 잠시 생각해 보았다. 만일 그렇게라도 그들을 돕지 않는다면 우리 사회는 어떻게 될까?

만일 누군가가 보육원이나 복지원을 도와주지 않는다면, 그곳을 운영하던 사람들은 힘에 부쳐 손을 들어버릴 테고, 거기에 있던 아이들과 장애인들은 거리로 나앉을 것이고, 이는 곧 사회의 혼란을 야기하는 요인이 될지도 모른다. 그들을 관리하기 위한 사회적 비용이 엄청나게 증가할 것이다. 그렇게 되면 결국은 누구에게 부담이 되는가. 바로 나 자신이 지는 것이다.

복지 시설에 있는 사람들을 돕는 것은 그들을 위한 것이기보다 결과적으로 나 자신을 위한 일이기도 하다. 그러니 보육원을 돕는 일이 어찌 얼굴을 내기 위한 수단이 될 수 있겠는가.

보육원을 돕는 자세도 중요하다. 단순히 동정이나 연민은 안 된다.

진정한 사랑이 바탕이 되어야 한다. 표시나지 않게 그림자처럼 도움을 주어야지, 소리가 나면 안 된다.

가끔 보육원에 처음 가는 사원들은 아이들을 보듬어 주고, 어루만져 주면서 아이들과 놀아 주기도 한다. 나는 그런 사원들에게 절대 그들에게 그런 식으로 하지 말라고 한다. 시설에 있는 아이들은 정에 굶주려 있기 때문에 사람들이 조금만 정을 주어도 그 정에 푹 빠져 버린다. 그러나 그들이 주는 사랑과 정은 지속되기 힘들고, 그러면 아이들은 오히려 혼란만 일으키고 만다. 정을 기대했던 아이들은 또 한 번 상처를 입는다.

보육원을 운영하는 분들의 이야기를 들으면 그럴 경우, 아이들의 정서가 매우 불안하다는 이야기를 들었다. 아이들에게 질서가 없어진다는 것이다.

이런 문제들 때문에 나는 보육원에 자원 봉사를 갈 때면 우리가 할 수 있는 일만 하고 돌아오는 것을 원칙으로 한다. 지나치게 감정에 치우쳐 아이들에게 함부로 정을 준다면 그것도 올바른 태도가 아니다. 때문에 우리는 소리없이 가서 우리가 할 수 있는 청소나 빨래만 하고 소리없이 돌아온다. 그것이 보육원의 질서를 해치지 않는 일이라고 생각한다.

기업의 중요한 기능 중의 하나는 기업 이윤의 사회 환원이다. 기업은 사회와 불가분의 관계이다. 사회가 건강하고, 안정되어야 기업은 그곳에 뿌리내리고 기업 활동을 할 수 있다.

기업은 사회를 떠나서는 존재할 수 없다. 때문에 기업 이윤의 사회 환원으로 사회를 건강하고 안정되게 만들 책임과 의무가 있는 것이다.

각종 대기업에서 기업 이윤의 사회 환원 차원에서 장학 재단이나 복지재단을 설립하는 경우를 본다. 대부분 순수한 의도에서라기보다 세금을 감면받기 위한 속셈일 경우가 더 많다. 심지어는 불우이웃돕기나 수재 의연금을 내는 것은 준조세라고 이야기할 정도이다.

하루 빨리 이런 풍토를 불식하고 진정한 차원의 사회 환원이 이루어져야 할 것이다. 그것이 곧 우리 나라가 선진국으로 가는 지름길이다.

환경운동을 하는 사원들

올해는 유난히 가뭄이 심했던 한해였다. 몇 십년 만에 찾아온 가뭄으로 온 땅은 거북이 등처럼 갈라터지고, 각 지역에서는 물을 찾기 위해 온갖 방법을 동원했다. 국민들의 위기 의식도 늘어갔다. 해마다 건기 때면 가뭄으로 농민들이 고통을 겪기는 했지만, 어느 지역에 한정된 일이었지 올해처럼 온 나라 전체가 가뭄으로 고통을 겪은 경우는 드물었다.

올 가뭄은 이젠 농민들만의 문제가 아니었다. 일부 도시에서는 제한 급수를 실시했고, 공장에서는 공업용 용수가 없어 가동을 중단하기도 했다. 범 국민적으로 물절약 운동을 펼치기도 했다.

우리 나라는 금수강산이라고 불릴 만큼 물이 풍부한 나라였다. 그러나 2005년이면 우리 나라도 물 부족 국가에 속한다고 한다. 불과

10년 전만 해도 가게에서 물을 사먹는 일이 무척 생경스러운 일이었지만, 이제는 너무나 당연한 일이 되어 버렸다.

비가 조금만 오지 않아도 당장 먹을 물조차 없는 신세가 되어 버린 것이다. 금수강산을 자랑하던 우리 나라가 이렇게 물 부족 국가가 된 데는 모두 난개발로 인한 물 관리를 잘못한 때문이라고 한다. 아무 데나 빌딩을 지어 지하수의 흐름을 차단해 버렸고, 급격한 도시화는 빗물이 땅 속에 스며드는 것을 방해해 물을 저장하는 기능이 사라져 버린 것이다. 가뭄 때는 물줄기를 찾아 물을 뽑아올리고는 그것을 방치해 물을 고갈시키는 데 한몫을 했다.

강물은 공장 폐수, 생활 폐수 등으로 오염될 대로 오염되었고, 어느 지역은 강물을 공업 용수로도 못쓸 정도가 되었다. 농약, 땅 오염으로 땅이 오염되어 지하수의 물까지 오염되고 고갈되었다. 그러니 가뭄이 좀 길어지면 당장 물 부족에 허덕이게 된 것이다. 이번에도 조금만 더 가뭄이 지속되었으면 어떤 비상 사태가 벌어졌을지 모를 일이다.

이는 비단 우리 나라만의 문제가 아니다. 지구 온난화로 전 세계적으로 기상 이변이 일어나고, 사막화 현상까지 발생하고 있는 실정이다. 또한 물 부족의 문제만도 아니다. 대기 오염, 지질 오염 등으로 인류는 환경 위기에 처해 있다.

헨리 데이빗 소로우는 『월든』에서 이미 인류의 급속한 문명화가 어떤 결과를 가져올지에 대해 경고한 바 있다. 인류는 자신의 편리를 위해 문명을 추구하지만, 결국은 그 문명의 노예 생활을 벗어나지 못할 것이라는 사실을 상기시킬 필요가 있다.

환경오염은 인류 문명이 낳은 가장 불행한 자식인 것이다. 지금 우리가 할 수 있는 일은 그나마 남은 환경을 지키는 것이다. 이는 인류가 당면한 가장 큰 숙제라고도 할 수 있다. 이는 당대의 우리들의 문제에 국한되는 것이 아니라, 우리 후손들의 문제이기 때문이다.

올해 세계 자연 보호 기금이 세계 1백 50개 국가를 대상으로 조사한 '사용 생태량 보고서'에 의하면 우리 국민 한 사람이 지구로부터 빌려쓰고 있는 '환경빚'이 세계 여덟 번째로 많다고 한다. 환경빚이란 국민이 의식주를 처리하는데 필요한 식량, 자원, 에너지를 얼마나 자급할 수 있는지, 생활하면서 방출하는 환경 오염 물질을 얼마나 처리하는지에 따라 좌우되는 것으로, 식량을 자급하지 못해 외국에서 수입하면 수입분 만큼의 빚을 지는 것이고, 숲이 적어 이산화탄소 등 환경 오염 물질을 자국에서 처리하지 못하면 지구 환경에 빚을 지는 것이다.

좁은 국토에 인구는 많고, 자원은 부족한 우리 나라는 외국에서 막대한 자원을 들여와 소비하면서 우리 국토가 흡수할 수 없는 오염 물질을 내뿜고 있어 세계 여덟 번째로 환경빚을 지고 있는 것이다.

사실 우리 나라는 그간 경제 개발의 논리가 모든 것을 우선할 때가 있었다. 식민 통치와 전쟁에서 막 벗어난 우리 나라는 세계에서 가장 가난한 나라 중 하나였다. 먹고 사는 문제를 해결하는 것이 우리 앞에 놓인 당면 과제였다.

1960년대 중반부터 실시된 경제 개발 계획은 오랜 가난을 벗어 버리고 잘 살아 보자는 데 국민의 힘을 결집시켰고, 그 결과 우리 나라는 한강의 기적이라는 말을 낳을 정도로 눈부신 성장을 이룩했다.

그러나 그 성장의 그늘에서 남은 것이 바로 환경 문제였다. 기업들은 환경에 대한 부담감을 질 필요없이 공장을 가동할 수 있었고, 수출을 많이 해 외화를 벌어들이는 것으로 환경 오염에 대한 면죄부를 받을 수 있었다. 돈만 벌 수 있다면, 강에 폐수를 흘려 보내도 아무 죄책감을 가지지 않았던 것이다.

우리가 환경 문제에 대해 본격적인 관심을 가진 것도 1980년대 들어서이다. 각종 환경 단체들이 생겨나면서 환경 파괴 현장을 고발하고 계몽한 덕분에 우리의 인식도 많이 달라졌다. 기업들의 태도도 많이 달라졌다.

나는 환경 문제에 대한 위기 의식을 공감해 환경 제품에 대한 관심을 많이 가졌다. 가정 주부인 나는 아이들을 키우면서 환경 문제를 생각하지 않을 수 없었다.

내 고향 서산은 충청도의 바닷가 마을로 자연 환경이 그렇게 아름다울 수 없었다. 논과 밭 사이로 넓은 강물이 바다에까지 이어지고, 갯벌은 우리들의 놀이터였다. 산과 들로 다니며 자연의 향취를 마음껏 누리던 우리는 정서적인 면에서 매우 풍요로운 어린 시절을 보냈다. 그런 환경에서 자연을 사랑하고, 사람을 사랑하는 법을 배운 것이다.

반면에 우리 아이들은 어떠한가. 도시의 빌딩 그늘에서 오염된 공기를 마시며 살아가는 것이 참으로 안타까웠다.

나는 때때로 이런 생각을 가져본다. 요즘 안경 쓴 아이들이 늘어나고 있는 추세이고, 어른들도 안경을 많이 쓰고 다니는 것을 볼 수 있다. 물론 텔레비전의 보급으로 시력을 약화시키는 요인이 많이 늘어났지만, 그보다도 주변 환경이 나빠졌기 때문이 아닐까 하는 생각을 해보았다.

몽고인들은 평균 시력이 5.0을 넘는다고 한다. 드넓은 평원에서 살아가는 유목인인 그들은 적의 침략으로부터 보호를 할 언덕이나 산 등이 없어, 그대로 노출되게 되어 있다. 그래서 그들은 멀리 평원에 적들이 나타나는 것을 볼 수 있도록 시력이 발달해 있다는 것이다. 이는 곧 드넓은 평원에서 멀리 보는 것이 시력을 좋게 만드는 요인이 되었다는 것이 아닌가.

이와 반대로 우리는 어떤가. 눈을 돌리면 회색 빌딩이 눈앞에 턱 버티고 서 있다. 굳이 멀리 볼 필요가 없기 때문에 시력도 발달할 필요가 없고, 많이 사용하지 않으니 근시로 퇴화되는 것은 아닐까. 조금 엉뚱하지만, 전혀 가능성이 없는 이야기도 아니라고 생각한다. 아무튼 우리 아이들에게 좀더 좋은 환경을 물려 주는 것이 우리 세대의 책임이고, 의무이다.

때문에 기업을 하면서도 환경 문제에 늘 관심을 가졌다. 비누 하나를 만들더라도 물을 덜 쓰도록 친환경적으로 만들었다. 수질 오염은 60%가 생활 오수가 원인이라고 한다. 샴푸, 린스, 폼크린싱, 락스, 바디 샴푸 등 우리가 무심코 사용하는 생활 필수품이 사실은 수질 오염의 주범인 것이다. 이런 데 착안해 나는 비누 한 장으로 이 모든 것을 해결할 수 있도록 했다. 우리 회사의 비누는 먹을 수 있는 원료로 만들어져 치약으로도 사용할 수 있다. 비누 한 장으로 머리도 감고, 몸도 씻고, 이도 닦을 수 있도록 하였다. 만일 우리가 일상적으로 쓰는 샴푸, 린스만 하지 않아도 물 사용량을 5분의 1 정도로 줄일 수 있다. 비누뿐만 아니라 모든 제품이 자연에서 추출한 원료로 만들었다. 자연에서 나는 것은 자연으로 돌아갈 수 있기 때문이었다. 비록 원료비가 많이 들더라도 이는 어떤 소명 의식과 같이 여겨졌다.

또한 우리 제품의 원료로 쓰이는 각종 한방 재료도 무공해로 경작을 하여 수급할 수 있도록 한 것이다.

환경 문제든 무엇이든 무엇보다 스스로 실천하는 것이 가장 중요하다. 우리 회사의 기업 이념이 환경을 생각하는 기업이기 때문에 사원들 교육도 현장에서 실천하는 것을 중심으로 실시했다.

말로만 환경, 환경 하지 말고 직접 환경운동을 실천해 보라는 취지이다. 이런 내 의지를 잘 아는 우리 사원들은 매달 한 번씩 산과 강 등지로 환경 운동을 하러 간다. 계절별로 쓰레기 줍기 운동도 하고, 산불장비 캠페인도 벌인다. 물 절감 운동, 고운말 쓰기 등으로 기업 문화를 아름답게 가꾸어나간다. 사원들은 모두 기꺼이 참석한다. 비록 거창하지는 않지만, 환경운동에 참석하고 나면 사원들은 얼굴빛이 다 환해진다. 그러면서 가정에서도 물 한 방울이라도 아껴쓰고, 쓰레기를 조금이라도 덜 버리는 등 생활 속의 환경도 지켜나가는 것이다.

인성 가족은 좋은 일을 파장시키고, 사회 문화를 좋은 방향으로 이끌어나가는 데 대한 긍지와 자부심이 대단하다.

일본 바이어도 손든 마케팅 전략

　현대인들에게 건강식품은 필수적인 식품이 되었다. 환경이 나빠지면서 인간의 자연 치유력이 많이 떨어져 버려 상시적으로 섭취하는 식품만으로는 건강을 유지하면서 살 수 없는 환경이 된 것이다. 특히 농약 사용으로 인한 식품 오염은 건강에 심각한 피해를 주고 있다. 농약 사용으로 인한 식품 오염이 문제가 되자 무공해 식품 등이 나왔지만 땅, 공기 오염 등으로 인해 무공해 식품이라는 말이 무색할 정도가 되어 버렸다. 그래서 새로운 건강법으로 각광받던 생식, 생즙도 이러한 문제를 안고 있어 결코 안전하다고 할 수 없다.

　의료 기술의 발달로 생명이 연장되고 있다. 반면에 오염의 부작용으로 자연 치유력을 잃어 질병에 시달리고 있는 사람이 늘어나고 있다.

　구약 성경에 보면 노아나 아브라함, 이삭 등이 모두 몇 백살을 산

것으로 나온다. 어떤 사람들은 이 부분을 믿지 못하고 상징적인 나이로 생각하는 사람들이 많다. 그러나 곰곰이 생각해 보면 몇 백살 살았다는 것이 이치에 맞는다는 생각이다. 구약 시대 당시의 공기, 땅, 물 등은 모두 약으로 써도 될 만큼 깨끗하고 건강한 기운을 가진 것들이었다. 그곳에서 생산된 곡물이나 과실 등도 당연히 그처럼 깨끗하고 건강했기 때문에 그것을 먹고 사는 사람들은 당연히 건강하고 장수했을 것이라는 생각이 들기도 한다.

그러나 요즈음은 각종 오염으로 식품마저 오염되어 함부로 먹을 수 없는 시대가 되었다. 과거에는 밥이 보약이라고 했지만 요즈음은 밥만 먹어서는 안 된다. 각종 오염으로 나빠진 식품의 영양소를 보충해 줄 수 있는 보조 식품이 필요하게 되었고, 이로 인해 건강 식품의 필요성이 강조되고 있다.

한편에서는 의학으로 고치지 못하는 현대인의 질병 중 대부분이 그 원인을 알 수 없는 것으로 본다. 하지만 많은 사람들이 원인을 알 수 없는 질병은 섭생에서 온다고 보고 있다. 따라서 섭생을 잘하면 각종 불치병이나 난치병의 치료에 도움이 된다고도 한다. 이러한 이유로 건강 식품은 일부 국가에서는 대체 의학의 영역으로까지 확대해 생각하기도 한다.

그러나 우리 나라에서는 아직까지 인식이 좋지 못할 뿐 아니라 법적인 규제가 무척 심한 편이다. 건강 식품은 식품으로 규정해 놓아 대체 의학적인 측면이 무시될 뿐만 아니라, 광고 등 각종 판촉 활동은 제재를 받고 있는 실정이다. 아무리 좋은 신물질이 개발되어도 법으로 규제되어 인정을 받지 못하고 있는 실정인 것이다.

그러나 서양에서는 현대 의학의 한계를 극복하기 위한 각종 대체 의학을 연구하고 있다. 그것의 일환으로 건강 식품이 상당히 조명받고 있다. 이런 일련의 분위기와 맞물려 미국, 일본측 바이어들로부터 우리 제품을 공급해 달라는 요청을 많이 받았다.

그러나 나는 그들의 제의를 거절했다. 얼른 생각에 돈을 벌 수 있는 좋은 기회라는 생각이 들고, 또한 그들 나라에서는 우리 나라만큼 건강 식품에 대한 규제가 까다롭지 않아 시장 규모도 엄청나기 때문에 회사를 급성장시킬 수 있는 기회가 되었지만, 그렇다고 우리 제품을 함부로 줄 수 없었다.

나는 그들에게 우선 우리 제품에 대해 확실히 공부를 하고 난 다음 제품을 가지고 가라고 했다. 물론 우리 제품을 아끼는 마음이 우선이었지만, 결국은 소비자를 아끼는 마음이 있었기 때문이다. 건강 식품은 일반 공산품과는 달리 아무나 취급할 수 있는 것이 아니다. 예를 들어 건강 식품을 필요로 하는 소비자가 있다면 소비자의 건강 상태를 보아야 제품을 건넬 수 있는 것이다. 건강에 아무런 이상이 없는 사람들은 문제가 없지만, 어느 한 부분이라도 이상이 있는 사람일 경우에는 그 사람의 상태에 맞는 식품을 권해야 한다. 몸에 좋다고 아무에게나 권할 수 있는 것이 아니다.

이를 위해서는 우리 제품이 어떤 기능을 가지고 있고, 어떤 특징이 있는지 확실히 알아야 한다. 교육이 필요한 것은 이 때문이다. 제품에 대해 제대로 알지 못하는 사람이 단지 돈을 벌겠다는 목적으로 제품을 취급할 때 소비자가 그 손해를 감당하게 되는 것이다. 소비자의 손해는 결국 회사의 손해로 이어지는 것이다.

일본 바이어들은 처음에는 나의 제안에 뜨악해하는 표정을 지었다. 그도 그럴 것이 물건을 사겠다고 해도 팔지 않고 교육을 먼저 받아야 한다는 조건을 내세우니 그로서는 납득이 되지 않는 모양이었다. 하지만 나는 그들이 교육을 받지 않는 한 당장의 이익보다는 장기적인 안목으로 제품을 주지 않기로 결정했다.

일본 바이어는 결국 우리 회사에서 제품에 대한 교육을 받고서야 제품을 가져갈 수 있었다. 그것도 단기간에 교육이 가능한 일부 품목으로 국한시켰다.

이는 비단 해외 수출 뿐만 아니다. 국내에서도 지사를 설립할 때 대리점 형식으로 지사를 내놓고 물건을 판매하는 것이 아니라, 지사를 설립하면 회사에서 훈련된 전문가를 파견시킨다. 그들 전문가는 각 지사에 가서 사원들을 교육시키고 훈련시켜 전문가를 만든 다음 영업 활동을 하게 하는 것이다. 그렇지 않으면 회사의 이미지를 실추시키는 일이 빈번하게 일어나기 때문이다.

아무리 좋은 제품도 그 기능이나 사용법에 대해 모르고 사용하면 아무 소용이 없다. 비싼 가격으로 문자 서비스, 인터넷 등이 가능한 다기능 핸드폰을 구입한 사람이 단지 전화를 걸고받는 데만 사용한다면 그 핸드폰은 가치가 떨어지는 것과 마찬가지이다.

이런 경영 마인드가 기업의 이미지에 상당한 영향을 미쳤다. 미국이나 일본에서는 우리 제품에 대한 평가가 상당히 높았다. 미국의 지사

에서는 우리 제품에 대한 호응도가 높아 LA, 뉴욕 등지의 지사는 엄청
난 성장세를 보이고 있다. 지난 8월에는 미국 서부 지역 지사의 사원
들이 한국에 입국해 우리 회사에서 열흘간의 교육을 받기도 했다.

어찌 보면 더디고 귀찮고 힘든 일이지만, 이런 일들이 모두 소비자
와 사원과 회사, 그리고 경영자인 나를 위하는 방법이라고 생각한다.

국민의 건강을 생각한다

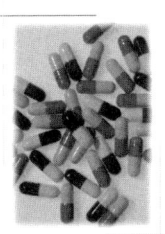

아름다움과 건강을 추구하는 기업. 바로 우리 회사의 모토이다. 아름다운 사회와 건강한 사회를 만들자는 의미이다. 아름다움이란 외형적, 육체적인 부분만 말하는 것이 아니고, 정신과 영혼이 함께 어우러지는 것을 뜻한다.

건강한 육체에 건강한 정신이 깃든다는 말이 있다. 반대로 정신이 건강해야 육체도 건강해진다는 것은 자명한 이치이다. 육체와 정신은 따로 놓을 수 없는 것이기 때문이다.

사업을 하면서 내가 가장 중점을 두었던 부분은 정신적인 건강부터 회복시켜 주자는 것이었다. 사실 질병의 원인은 정신적인 요인이 많이 작용한다. 사회가 복잡해지고 다양해진 요즈음 많은 사람들이 뚜렷한 원인이 없는 질병에 시달리는 경우가 많다. 정신적 스트레스에서 오는 것들이다. 사람은 오장육부 기능의 80%가 모계, 20%가 부계로부터 영향을 받는다. 어머니가 약하면 아이도 약한 체질을 물려받는 것이다. 약한 기능을 물려받은 사람들이 스트레스가 많은 환경에서 생활하다 보면 금세 병이 들게 된다. 하지만 자기의 인체에 대해 바로 알면 질병은 예방할 수 있다.

병든 육체는 물리적인 치료로 회복이 가능하지만, 정신이 피폐해지면 그 어떤 약으로도 고치기 힘들다. 그러나 병든 정신을 치유할 수 있는 약이 전혀 없는 것이 아니다. 바로 인간의 사랑이다. 사랑만이 병든 정신을 치유할 수 있다고 나는 믿는다.

나는 사업을 하면서 우리 사회가 보다 건강해지려면, 먼저 정신부터 건강해질 수 있어야 한다고 생각하고 그 부분에 많은 신경을 썼다. 좋은 상품을 개발하는 것은 물론이거니와 건강에 대한 바른 상식을 홍보하고 전파하는 데 더 신경을 썼다.

건강 식품이 물론 치료제는 아니지만, 그 식품의 효능이 갖는 참된 의미를 생각하면, 굳이 치료제가 안 될 수도 없다고 생각한다.

대부분 건강 식품을 먹는 사람들은 건강한 사람보다 질병에 시달리고 있는 사람들이 많다. 우리 회사의 소비자들도 아픈 사람들이 많다. 가끔 그들이 상담을 하러 오면 나는 그들에게 맨 먼저 긍정적인 파장을 전해 주려고 노력한다. 말하자면 정신적인 안도감, 편안함, 평화로움을 전해 주기 위해 신경을 쓴다. 사실 병든 사람들, 특히 난치나 불치의 병을 앓고 있는 사람들은, 정작 자신의 질병보다도 질병에 대한 공포감으로 인해 더 고통스러워한다.

그들에게는 먼저 정신적 위안이 중요하다. 실제로 질병을 낳게 하는 데는 정신적인 힘이 매우 중요한 역할을 한다. 미국의 한 학자의 실험에 의하면, 의사 가운을 입힌 일반인과 일반인의 복장을 한 의사에게 각각 환자들에게 약을 주도록 실험을 하였다. 실험 결과 의사 가운을 입은 일반인에게서 치료를 받은 사람이 훨씬 호전된 것으로 나타났다. 질병을 치료하는 데는 정신적 요인이 그만큼 중요하다는 것이다.

아버지께서는 약을 먹지 않아도 될 정도의 환자들에게는 약을 주지 않으셨다. 그러나 환자 입장에서는 약을 먹어야만 될 것 같다고 여기면 아버지는 약 대신 밀가루를 주시며 "그것 먹으면 말짱하게 날 거야." 하고 말씀을 하셨다. 그들은 아버지 말 한 마디에 안심을 하고, 밀가루를 먹고는 정말 신통하다 싶게 건강해지는 것을 종종 보았다.

나는 먼저 질병으로 고통받는 사람들을 만나면 희망적인 메시지를 전달해 준다. 그들의 정신적인 문제가 무엇인지를 듣고 상담을 해준다. 물론 내가 전문적인 정신 치료사는 아니지만, 내 경험에 비추어 환자에게 맞는 메시지를 전해 주는 것이다.

우리 회사의 사원이 된 사람들 중에는 오랜 질병으로 고통을 받다가, 우리 식품을 먹고 좋은 효과를 거둔 사람들이 근무하는 경우가 많다. 건강 식품을 먹고 병이 나았다고 하면, 우리 나라에서는 과대 광고, 과장 광고 등으로 인해 법적인 문제가 되기 때문에 매우 조심스럽지만, 나는 그들이 우리 식품을 먹고 다시 몸과 마음의 건강을 되찾았다는 것을 자신 있게 이야기할 수 있다.

그들은 먼저 우리 식품에 대한 믿음이 있었다. 질병이라는 것은 대개 몸의 균형 상태가 깨졌을 때 생기는 것이다. 몸의 균형이 깨지면, 자기 몸 중에서 가장 약한 부분에 무리가 가는데, 그것이 축척되면 병이 오는 것이다. 건강 식품은 자기의 약한 부분을 보완해 주어 몸의 균형을 잡아주는 역할을 할 수 있는 것이다. 때문에 몸의 균형이 잡히면 질병에 대한 강한 면역이 생기고, 이미 병든 부분도 회복이 가능해지는 것이다.

때문에 건강 식품은 직접적인 질병 치료제는 아니지만, 결과적으로 질병 치료에 많은 도움이 되는 것이다. 더욱이 우리 회사의 소비자들에게는 무엇보다 먼저 질병을 극복할 수 있는 자신감을 심어 준다. 이는 그 어떤 명약보다도 극대의 효과를 발휘한다.

사랑하는 사람을 만나면 웬만큼 아픈 것은 고통을 잘 느끼지 못한다고 한다. 몸 속에 있는 엔돌핀이라는 호르몬이 분비되어 고통을 훨씬 줄어들게 하기 때문이다. 엔돌핀은 즐겁고, 편안한 감정일 때 분비되는 물질로, 우리 몸에서 마약과 같은 역할을 한다. 반면 화를 내거나 분노할 때, 스트레스를 받을 때는 아드레날린이라는 물질이 분비되는데, 이는 혈관의 흐름을 위축시키고 몸 속의 산소를 소비시켜 몸을 불편한 상태로 만든다.

그러므로 사람들에게 엔돌핀이 분비될 수 있도록 좋은 파장을 주는 것이 중요하다. 우리 회사 사원들에게 내가 가장 강조하는 것은 바로 소비자들에게 희망과 사랑을 전하라는 것이다. 이는 바로 엔돌핀이 생성될 수 있도록 도와 주는 것이다. 그것은 다름이 아니라 소비자를 만나 밝고 따뜻한 인상을 주고, 신뢰를 주고, 그들의 문제를 진지하게 들어주고, 함께 고민하는 자세를 가짐으로써 소비자들에게 긍정적인 파장을 전하는 것이다. 이는 많은 사람들이 건강하고 아름다운 삶을 누릴 수 있도록 하는 지름길이라고 생각한다.

교육이 미래를 바꾼다

나무를 기르면 십 년 뒤를 보고 계획을 세우고, 교육을 하는 것은 백년 뒤를 보고 계획을 세우라는 말이 있다. 교육의 중요성을 강조한 것이다.

자녀를 둔 부모라면 자녀 교육 문제 때문에 한 번쯤 고민을 했을 것이다. 우리의 교육정책이 갈피를 잡지 못하고 갈팡질팡하고 있어 더더욱 혼란스러움을 겪고 있다. 교육 시스템이 흔들리니까 마침내는 아이들 교육에 불안감을 느껴 이민을 가는 사람들도 늘어나고 있다. 그도 그럴 것이 아이들이 마음놓고 학교에 다닐 환경이 아니다. 지나친 학벌 주의와 입시 위주의 제도, 왕따 문제 등으로 우리의 학교 교육은 최대의 위기를 맞고 있다.

나는 청소년의 인성교육을 위해 매주 교육 현장을 방문한다. 그 아이들을 만나면서 나는 정말 세태가 많이 바뀌었다는 것을 실감한다. 머리에 염색을 한 아이, 귀걸이를 한 아이, 화장을 한 아이 등 겉모양을 보면 학생이라고 믿기 어려울 정도의 복장을 하고 있다. 과거 같으면 선생님들이 통제를 할 수 있었지만, 요즈음은 통제가 불가능하다는 게 선생님의 귀띔이다.

아이들은 또 아이들 나름대로 할 말이 많다. 겉모양만 가지고 자신들을 평가하지 말라는 것이다. 자기들의 개성을 존중해 달라, 획일적인 눈으로 자신들을 보지 말아 달라는 이야기를 한다. 일견 그들의 말에도 일리가 있다. 나는 그들과 대화하면서 내 정서에는 맞지 않지만, 나는 그들을 이해하려고 노력한다. 내 잣대로만 아이들을 볼 수 없기 때문이다.

아이들과 접하면서 나는 교육이 얼마나 중요한지 절실히 깨닫는다. 그리고 교육 중에서도 가장 중요한 부분은 역시 가정 교육이라는 것이다. 사실 따지고 보면 심각한 사회 문제로 번지고 있는 왕따 문제도 가정 교육의 부재에서 온다. 남을 왕따시키는 아이들의 심리를 들여다 보면, 극심한 이기심, 남을 배려하지 않는 자기 본위의 사고가 밑바탕에 있다.

내 아이가 최고라는 생각, 자신의 이루지 못한 꿈을 아이를 통해 이루어 보겠다는 허영심 등이 아이들을 심리적으로 압박하고, 그 심리적 압박을 견디지 못한 아이들은 남을 괴롭힘으로써 그 압박을 벗어나려고 하는 경우가 많다.

아이들의 인성은 유아기 때 대부분이 형성된다. '세 살 적 버릇 여든까지 간다'는 말이 있듯 한 번 형성된 인성은 좀체 바뀌기 어렵다. 때문에 아이들 교육은 아이들의 머리가 굳어지기 전에 시키는 것이 좋다. 머리가 굳어진 후에 잘못된 것을 바로 잡으려면 몇 십 배의 시간이 든다.

가정 교육이 이렇게 중요한데도 학부모들은 아이들 교육을 학교에만 맡겨버린다. 그리고 아이들이 잘못되면 학교 탓만 한다. 학교는 지식을 전수받는 곳이지 인성 교육을 시키는 곳이 아니다. 아이들의 인성은 가정에서 생활 속에서 형성되는 것이기 때문에, 부모는 자기의 할 바를 잘 하고, 아이들에게 열심히 사는 모습을 보여 주고, 스스로 올바른 삶을 살아 아이에게 모범이 되어야 한다. 아이들은 자기가 본 바를 따르게 되어 있다.

내 아이들이 아주 어릴 때부터 나는 사회 생활을 했다. 아이들이 학교에 들어갈 때까지는 엄마가 옆에서 보살펴 주어야 한다고 주변 사람들이 이야기를 했지만, 나는 아이들을 떼어 놓고 사업을 했다. 아이들이 두, 세 살 때는 외국을 다니며 마케팅 공부를 했기 때문에 어려운 점이 한두 가지가 아니었다. 하지만 나는 아이들을 자율적으로 키운다는 생각이 있었기 때문에 아이들을 떼어놓고 공부를 하러 다녔다.

솔직히 아이들을 온실 속의 화초로 키우고 싶지는 않았다. 스스로 어려움을 극복하려면 어릴 때부터 강인하게 키울 필요가 있다고 생각했다. 나는 어려서 부잣집 딸로 태어났지만 밭일이나 논일, 집안일 등 많은 일을 하면서 자랐다. 아버지께서는 일을 해야지만 먹을 수 있다는 노동의 소중한 가치와 홀로 설 수 있는 자율성을 가르쳐 주셨다.

나는 아버지의 가르침대로 아이들에게 가르쳤다. 내가 아이들을 떼어 놓고 일을 하러 다니면서도 조금도 걱정하지 않은 것은, 내가 아이들을 사랑하는 만큼 아이들도 나를 사랑하고 신뢰한다는 믿음이 있었고, 내가 당당하고 떳떳하게 살아가는 모습을 보여 주면 아이들도 나를 이해해줄 것이라고 믿었기 때문이다. 이런 믿음 때문인지 아이들은 무척 강하고 바르게 컸다고 자부한다.

얼마 전 호주에 유학을 간 아들 민기가 전화를 했다. 언제나 회사일로 바쁜 나를 걱정해 안부 전화를 해온 것이다. 중학교 3학년인 민기는 우리 나라에 있으면, 내가 모든 것을 일일이 챙겨 주어야 할 나이이지만, 언제나 제가 먼저 나를 챙겨준다.

중학교 입학을 앞둔 민기가 처음 나에게 유학을 가겠다고 했을 때, 나는 선뜻 응할 수 없었다. 우리와는 언어나 문화가 전혀 다른 호주라는 나라는 물리적인 거리뿐만 아니라 심리적으로도 너무나 먼 나라였다. 그러나 어린 민기는 유학에 대한 열망이 일시적인 것이 결코 아니며, 보다 넓고 큰 세계를 향해 꿈을 펼치기 위해서는 어떤 어려움도 견딜 수 있다는 각오를 보였다. 오랜 대화 끝에 민기의 생각이 일시적인 것이 아닌 것은 충분히 알 수 있었다. 나는 우리 나라에 일고 있는 조기 유학 열풍의 폐해를 걱정하지 않은 것은 아니지만, 아이의 생각이 단단해 보여 과감하게 결심을 했다.

처음에는 제 누나 보리가 유학을 가 있는 미국으로 보낼까도 싶었지만, 어차피 남의 나라에서 공부를 한다는 것이 고달플 텐데 둘이 같이 있는다고 해서 도움이 될 거라는 생각은 하지 않았다. 또 확고한 신념을 보이는 민기에 대한 믿음을 보여 주고 싶은 생각도 들었다. 내가 불안해하며, 걱정하면서 누나와 함께 있을 것을 권하면, 그것이 본인의 의지를 약하게 하는 요인이 될 듯 싶었다. 결국 민기는 중학교 1학년 때 호주로 유학을 갔다. 처음에는 언어 때문에 미처 학과를 따라가지 못해 쩔쩔매던 민기는 이제 언어는 물론 학과 성적도 쑥 올라갔다.

민기가 말이 통하지 않는 남의 나라에서 전전긍긍하며 공부를 하고 있는 동안, 나는 한 번도 가보지 않았다. 마침 호주에 있는 친구가 민기를 잘 돌봐 주고 있어 믿는 구석이 없지 않았지만, 내 나름으로는 민기에게 자율적이고 독립적으로 자신의 삶을 꾸려 갈 수 있도록 하기 위한 배려였다. 어릴 때부터 엄마가 늘 일하는 것을 옆에서 지켜본 민기는 놀이방에 다닐 때부터 자기가 할 일을 잘 챙기는 아이였던 터라 이런 생각에 큰 무리없이 너무도 잘 따라 주었고, 이제는 오히려 제가 나를 챙길 정도가 된 것이다.

보리는 미국에서 주니어 골프 선수로 활약하고 있다. 덩치가 크고 운동 신경이 발달한 보리는 그렇게 골프를 하고 싶어했다. 어릴 적부터 부모님으로부터 하고 싶은 것은 다 해보라고 교육을 받은 나는 보리가 골프를 하고 싶다고 할 때 결코 말리지 않았다. 운동 선수가 얼마나 힘든지 알고 있었지만, 보리는 어찌된 일인지 골프 선수를 희망했다. 보리가 미국에 유학을 가서 큰 선수가 되겠다는 포부를 내비쳤다. 혼자 미국에 간 보리는 내 걱정을 단숨에 불식시켰다. 여기서는 골프한다고 공부도 안 하던 아이가 단번에 월반을 하더니, 작년에는 미국 캘리포니아주 주니어 골프 선수권대회에서 1위를 했다.

보리가 미국에 가 있어도 나는 골프 연습을 하는 데도 가보지 않았다. 스스로 다니도록 두었다. 어릴 적 내가 우리 부모로부터 받은 교육을 그대로 아이들에게 한 것이다.

어린 나이에 부모와 떨어져 있는 것이 때때로 고달프겠지만, 오히려 아이들은 나를 위로할 정도로 의젓하다. 무엇보다도 아이들은 나를 자랑스럽게 여기고 있다는 점이 나로서는 여간 고마운 일이 아니다. 이는 내가 아이들에게 보여 준 바가 있기 때문이라고 생각한다.

가정 교육만큼 사회 교육도 매우 중요하다. 사회의 어른들은 아이들에게 모범을 보여야 한다는 것이다. 교육은 학교에서만 이루어지는 것이 아니다. 가정, 학교, 사회 등 모든 곳에서 동시에 이루어진다. 사회 환경이 점점 나빠지고 있는 요즈음 부모들은 아이들을 거리로 내보내기가 두렵다고들 한다. 눈을 돌리면 온갖 유해 환경이 아이들을 유혹하고 있다. 정신적으로 완전한 성장이 이루어지지 않은 청소년기는 유혹에 넘어가기 쉽다. 유해 환경을 없애는 것은 어른들, 학부모들의 몫이다.

일산에 사는 주부들이 학교 주변과 일반 주택가에 마구잡이로 들어서는 러브 호텔 등 유흥 시설을 철거하라는 민원을 내 시청에서 이를 허락하였다. 아이들의 교육을 위해 어른들이 나설 때가 왔다는 것이다. 내 아이만 잘 되어서는 안 된다. 모든 아이들이 잘 되어야만 내 아이가 바로 설 수 있는 것이다.

나는 일산의 주부들을 보면서 여자가 똑똑해야 나라가 잘 된다는 말이 허사가 아님을 다시 한 번 깨달았다. 과거에는 살림만 잘하는 것이 현모양처였지만, 이젠 가정과 사회, 국가를 위해 자신의 능력을 펼쳐보이는 것이 현모양처라고 생각한다. 아이들 교육은 주부가 차지하는 부분이 더 많다. 때문에 주부들이 나서서 교육 문제에 관심을 갖고 신경을 써야 하는 것은 당연하다. 또한 이젠 내 아이뿐만 아니라 남의 아이를 위해서도 관심을 가질 때이다. 이 세상은 똑똑한 한 사람만으로 이루어지는 것이 아니기 때문이다.

교육은 우리의 미래를 바꾸는 힘이다. 나는 교육 현장에서 많은 아이들을 보면서, 교육 사업에 많은 관심을 갖게 되었다. 우리 사회를 이끌어갈 진정한 리더를 많이 배출해 내기 위해 교육 사업을 하는 것이 내 인생의 새로운 목표가 된 것이다.

새로운 경쟁 상품, 대체의학

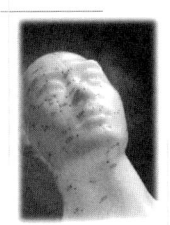

인간 게놈 지도 연구, 인간 복제 등 의학과 과학의 발달은 인간의 한계를 극복해 나가고 있는 것처럼 보인다. 인간 게놈 지도가 완성되면 모든 질병의 원인이 밝혀지고 인간은 질병으로부터 자유로워질 거라는 이야기도 나온다. 인간 복제도 마찬가지이다. 일부에서는 이미 신인류가 탄생이라도 된 듯 호들갑을 떠는 모습도 보인다. 인간 복제 신청을 한 사람들 중에는 한국인도 8명이 포함되어 있다고 한다.

이처럼 과학이 브레이크가 없는 자동차가 언덕을 내려가듯 달려가고 있지만, 그 이면에는 많은 부작용을 낳고 있다. 의학의 발달이 인간을 질병의 고통으로부터 어느 정도 벗어나게 하는 데는 기여한 바가 크나, 반면 그로 인해 인간은 더욱더 나약한 존재로 전락해 버리고 말았다.

환경 호르몬, 약물 남용 등으로 인간은 자연 치유력을 점차 잃어가고 있다. 말하자면 가만 있으면 나을 병인데 약을 먹었고, 약을 한두 번 먹다 보니 그 병의 원인균이 약에 면역력이 생기고, 그러다 보니 점점 약을 많이 먹게 되는 과정에서 인간은 자기 스스로 치료할 수 있는 능력을 상실해 가고 있는 것이다. 놀랍게도, 바이러스나 병원균은 점점 강해지고 있다는 사실이다.

얼마 전 우리 나라 사람에게서 슈퍼 바이러스가 발견되었다는 것은 이런 사실을 뒷받침하고 있다. 항생제 남용으로 인해 면역이 강해진 바이러스가 기존의 항생제로는 더 이상 죽지 않는 것이다. 인간은 약물로 인해 자연 치유력과 면역력이 약해지는 반면, 바이러스와 병원균은 약물에 대한 면역력을 점점 더 키워 왔다. 슈퍼 바이러스를 퇴치하기 위해 인간은 점점 더 강력한 항생제를 만들 것이고, 바이러스는 점점 더 강해질 것이다.

이러한 모습은 현대 의학이 가져다 준 빛과 그늘이다. 의학의 발달로 여러 가지 질병은 퇴치되었지만, 그 이면의 부작용은 만만치 않다.

이런 부작용과 아울러 현대를 사는 인간들에게 심각한 문제로 부상하고 있는 것은 바로, 환경 문제이다. 성장의 이면에 숨겨진 심각한 환경파괴와 오염으로 인해 인간은 원인 모를 질병으로 심한 고통을 당하고 있다.

원인을 알 수 없는 질병의 등장, 신종 바이러스의 출현, 인간의 자연 치유력 상실 등으로 현대 의학이 그 한계를 드러내고 있다.

대체 의학은 바로 여러 가지 문제점을 안고 있는 현대 의학의 한계를 극복하고자 하는 측면에서 전 세계적으로 큰 관심을 불러일으키고 있는 분야이다.

우리 회사는 국민의 건강을 다루는 기업이기 때문에 나는 일찍이 대체 의학에 대한 깊은 관심을 보여왔다. 젊은 날을 질병의 고통 속에서 보낸 나는 건강에 대한 관심이 더욱 높았고, 건강 식품 사업을 하면서 더욱 관심이 갔다.

또 아버지께서는 일찍이 많은 환자들을 인체 중심의 원리에 입각, 민간 요법을 겸해 처방했다. 이는 곧 우리 회사의 건강 식품의 개발 원리였다. 서양 의학이 질병의 원인을 국소적으로 본다면, 한의학은 매우 포괄적이면서 전체적으로 보고 치료를 한다. 가령 위장이 나쁜 환자가 있다고 하면, 서양의학은 위장에 관한 치료만 하지만, 한의학에서는 위장과 연관된 장기의 기능을 함께 살펴 처방한다. 위가 나쁘면 소화를 잘 못할 테니 간 기능도 체크하고, 대장 기능도 보는 것이다. 피부 바깥으로 드러나는 여드름, 기미, 잡티, 비만 등도 한의학에서는 내부 장기 기능에 균형을 잃으면 나타나는 현상으로 보는 것이다. 살찐 사람의 경우 그 원인이 신장의 기능 저하에서 오는 경우가 있는데, 살이 쪘다고 무리하게 다이어트를 하게 되면 건강을 해치게 된다. 신장 기능을 회복시켜 부기가 빠지면 자연스럽게 정상 체중으로 돌아오는 것이다.

인체는 고도로 정밀한 기계와 같다. 오장육부의 기능은 톱니바퀴처럼 맞물려 균형을 이루고 있기 때문에 어느 한 부분이 탈이 나면 인체의 균형이 깨지고 마는 것이다.

한의학은 인체의 각 기관이 스스로 제 할 일을 하면서 서로 관계를 맺기 때문에 오장육부가 서로 잘 조화를 이루고 균형을 이루어야 병 없는 건강한 상태로 보았다. 그러므로 부족하면 보태어 주고 남으면 덜어 주어서 몸이 스스로 회복할 수 있는 조건을 만들어 주어 병을 이겨 내게 할 수 있는데, 이것이 바로 한의학의 근본적인 치료 원리이다.

나는 이러한 한의학의 원리를 이용해 질병의 예방과 치료에 관심을 두고 대체 의학적 측면에서 제품 개발에 힘을 쏟아왔다. 화학 물질이 아닌 천연 약초에서 신물질을 발견해 질병의 예방과 치료에 도움이 되고자 했던 것이다.

우리 제품은 아버지께서 개발해 주신 것으로 천연 약초를 이용해 만든 것이다. 질병을 직접적으로 치료하는 약은 아니지만 인체 기능의 균형을 찾아 주고, 자연 치유력을 향상시키는 데 많은 효과를 보고 있다.

우리 나라의 현행법은 한의학이 있기는 하지만 모든 의료 행위의 근간은 서양 의학을 기본으로 하고 있다. 때문에 대체 의학은 사실 인정을 하고 있지 않는 것이다. 건강 식품의 인식도 대체 의학 수준인 것이다. 반면 서양에서는 동양 의학의 원리를 이용한 각종 대체 의학 연구가 활발히 일어나고 있고, 가까운 일본만 하더라도 대체 의학에 대한 연구가 우리를 훨씬 앞지르고 있다.

우리 나라는 그들보다 의학적 토대가 훨씬 좋은데도 불구하고 현행 법상의 문제로 발목이 잡혀 더 이상 발전을 못하고 있는 상황이다. 우리의 제품이 미국 FDA로부터 전 제품 승인을 받은 것과는 무척 대조적이다.

미국과 일본 등 여러 나라를 다니면서 나는 우리의 전통 의학이 얼마든지 경쟁력있는 수출 상품이 될 수 있다는 판단을 했다. 그들이 추구하는 대체 의학이 우리의 전통 의학을 근간으로 하고 있는 것이었기 때문이다.

지금 우리 회사에서는 천연 약초에서 신물질을 개발하고 그것을 실용화하는 데 목적을 둔 대체의학연구소를 운영하고 있다. 나는 대체의학을 통해 건강을 잃은 사람들이 건강을 되찾을 수 있는 희망을 주고, 건강한 사람은 건강을 유지할 수 있도록 도와 주는 일을 하는 것은 물론이고, 우리의 대체의학을 외국에 수출을 할 수 있는 데 힘을 기울일 생각이다.

FDA 승인의 교훈

"대기업도 안 되는데 과연 될까요?"

미국 연방식품의약청(FDA)에 전제품 승인 신청을 하고 기다리고 있는데, 주변 사람들이 말했다. 그들은 혹시 승인이 나지 않으면 자존심이 상하지 않을까 하는 걱정어린 시선도 있었지만, 비웃는 투로 말을 하는 사람들도 있었다.

"우리 제품에 대해 자신만만한데, FDA가 아니라 그보다 더한 곳에서라도 승인을 못받을까."

걱정 반, 비웃음 반인 시선들에도 나는 그만큼 자신있었다. 신상품을 개발한 지 3년 만에 미국 수출을 하게 되었고, 곧 입소문을 타면서 수출은 빠른 성장세를 기록하고 있었다.

처음 미국 진출은 우연히 알게 된 교포 한 분으로부터 비롯된다. 그분은 1년간 물도 제대로 마시지 못할 정도로 건강이 나빴는데, 우리 식품을 먹은지 15일만에 비빔밥을 먹을 정도로 회복되어 주위 사람들을 놀라게 했다. 그로부터 입소문이 번지면서 이제는 미국 본토인들까지 인식이 넓어진 것이다.

굳이 FDA 승인을 받지 않더라도 수출에는 별 문제가 없겠지만, 나는 수출을 하더라도 정식으로 인정을 받고 싶었다. FDA가 워낙 까롭기로 알려졌지만, 소비자를 사랑하는 내 진심과 환자 치료에 바친 아버지 평생의 결정체이었기에 나는 지난 해 12월 FDA 승인 신청을 했던 것이다.

나는 모든 제품을 최고의 원료로 만든다고 자부하고 있었고, 그것을 믿었다. 그러나 막상 FDA 승인을 받기 위해 미국 현지로 간 나와 이종엽 부사장을 비롯한 우리 일행은 뜻밖의 장애물을 만났다.

FDA 승인을 얻으려면 많은 기업들이 대행사를 통하지만, 우리는 직접하기로 했다. 대행사에서는 한 품목당 500만 원의 수수료를 지불해야 하는데, 서류를 넣을 때마다 또 돈이 들어가는 등 비용이 만만치 않아 결국 우리가 직접 하기로 한 것이다. FDA 당국은 우리가 생각한 것보다 훨씬 많은 자료를 요구했다. 그 과정에서 나는 FDA 당국이 우리를 신뢰하지 않는다는 것을 느낄 수 있었다. 아니, 우리를 신뢰하지 않는다기보다 한국 기업을 믿지 않았다.

우리 나라 사람들이 FDA 승인을 받기 위해서 샘플을 제출하고 나중에는 샘플과는 다른 제품을 만든다는 것과 부정한 식품을 만든다는 불신이 팽배해 있었다.

문득 60~70년대 초. 우울한 삽화 하나가 떠올랐다. 오징어를 좋아하는 베트남에 우리 나라는 오징어를 수출했다. 베트남인들은 특히 우리 나라 오징어를 좋아해 베트남 오징어 수출은 효자 종목 중 하나였다. 그러나 베트남인들은 우리 오징어를 좋아 수입해 먹으면서도 우리 나라와 우리 나라 사람들에 대한 불신이 대단했다. 오징어를 포장하면서 눈에 보이는 위와 아래는 큰 오징어를 늘어놓고, 보이지 않는 가운데 부분은 작은 오징어들을 끼워넣어 포장해 그들을 실망시켰던 것이다.

지금도 가끔 과일 가게에 가서 과일 한 상자를 사보면, 과일 크기나 품질이 위에 담긴 것과 확연한 차이가 나는 것을 볼 수 있다. 이런 나쁜 습성들이 아직도 일부에 남아 있었다고 생각하니 FDA에서 우리 기업들에 대해 깊은 불신을 나타내는 것도 한편으로 이해가 되었다.

그런 불신을 불식시키기 위해서 그들이 요구하는 서류에 최선을 다했다. 이종엽 부사장은 미국을 안방 드나들듯이 드나들며 FDA에서 요구하는 서류들을 밤새워 작성했다. 그들을 이해시키고 그들로부터 인정받기까지 최선을 다해 우리의 진실을 전달하려고 애를 썼다.

그 과정에서 우리는 웃지 못할 해프닝을 겪기도 했다. 통역이나 서류 작성해 주는 통관사에서 의욕이 넘쳤는지 FDA 사람들에게 편법으로 접근을 해보는 게 어떻겠느냐는 제안을 했다. 이미 미국이라는 나라를 알고 있는 나는 그들에게 말했다.

"늦더라도 원칙을 지켜야 합니다. 이건 우리 회사의 문제만이 아닙니다. 국가적인 문제입니다. 앞으로는 그런 생각 눈꼽만치도 하지 마십시오."

FDA 직원들은 우리의 성실한 노력에 감동을 받았다며 이렇게 말했다.

"정말 인성내츄럴은 한국 기업이지만 솔직하고 믿을 만하군요."

그 말을 들으면서 우리 기업을 믿어 주어 반갑고 고마운 마음이 들었지만 한편으로는 씁쓸했다. 우리 기업들이 얼렁뚱땅, 대충대충하는 습성을 이곳에서도 버리지 못해 국제적으로 신뢰를 얻지 못했구나 하는 생각 때문이었다. 그러니 다음 사람들이 일을 하는데 몇 배의 노력을 해야 되니 얼마나 국가적으로 손해인가. 해외에 나가 일을 할 때는 한 개인, 또는 한 기업의 차원에서보다 국가를 먼저 생각해야 한다. 한 개인, 한 기업의 이미지는 국가 전체의 이미지를 좌우할 수 있기 때문이다.

미국의 FDA와 상대하면서 나는 나만이라도 좋은 전례를 남겨야 하겠다는 생각이 들어 최선을 다했다. FDA 승인은 우물 안 개구리에서 벗어나 전 세계의 시장을 진출하기 위한 전초전적인 역할을 하기 때문이다.

그렇게 노력한 지 4개월, 올 3월 우리 건강식품 전 제품이 FDA 승인을 받기에 이르렀다. FDA 승인을 받고 나니 미국 수출이 더욱 활기를 띠었다.

지난 8월에는 불경기임에도 불구하고 미국의 뉴욕, 로스앤젤레스, 라스베가스, 텍사스, 샌프란시스코, 하와이 등지를 다니며 올 4/4분기에 많은 매출을 올렸다. 그 기간에 마침 로스앤젤레스의 기독방송에서 CEO를 초대해 어렵고 힘들 때 오너들의 자세와 이념에 대한 강의 요청이 들어왔다. 그 방송에서 따로 돈을 들이지 않아도 엄청난 홍보를 하게 된 것이다. 이번 미국 시장의 성공을 발판삼아 미국뿐 아니라 유럽에도 진출할 계획이다.

미국이나 일본을 다니면서 우리의 동양 의학이나 대체 의학이 얼마나 경쟁력 있는 수출품인지 절실히 깨달았다. 선진국은 대체의학에 대해 엄청난 개발 준비를 하고 있었고, 우리 제품에 대해서도 깊은 관심을 나타내었다. 그런데도 우리 나라에서 오히려 인정받지 못하는 현실이 너무나 안타까웠다.

직원들이 주는 감사패

2001년 5월 2일. 거의 뜬눈으로 밤을 새우고 햇살이 차츰 대지 위로 차오르는 광경을 유심히 바라보았다. 지방에 지사를 오픈하는 것이 이번이 처음은 아니지만, 매사를 처음 시작하는 마음으로 하는 나였기에 꽤나 신경을 썼던 모양이다. 뒷목이 뻐근했다. 나는 잠시 눈을 감고 짤막한 기도를 했다.

회사에 도착하니 벌써 많은 직원들이 군산 지사 오픈식에 참석하려고 나와 있었다. 직원들은 제각기 대절한 버스에 올라타고 출발을 기다리고 있었다. 그런데 버스를 경호하기로 한 회사에서 아무 연락도 없이 사람들이 나타나지 않는 것이었다. 우리 회사는 남성보다는 여성이 많은 회사라 이동할 때 혹시 사고라도 날까 부탁을 했던 것인데, 출발 시간이 지나도 경호회사 직원들이 나타나지 않았다. 전화를 걸

어봐도 불통일 뿐 도무지 연락이 되지 않았다. 하는 수 없이 경호를 하지 못하고 출발할 수밖에 없었다.

군산으로 이동하는 버스 안에서 경호 팀이 오지 않아 속상해하는 나를 보고 한 국장이 농담을 건넸다.

"사장님! 기대하세요. 군산에 도착하면 틀림없이 좋은 일이 있을 겁니다."

"좋은 일? 용돈이라도 줄 모양이죠?"

나도 마음을 풀고 농담으로 받아 넘겼다.

군산 지사 사무실에 도착하니 벌써 지사 사람들이 사무실 오픈식 준비를 다 해놓은 상태였다. 그간 나는 사무실을 가꾸느라 수십 차례나 서울서 군산을 오르내렸다. 직원들이 보다 쾌적한 사무실에서 근무할 수 있는 환경을 만드느라, 책상 하나, 커튼 하나, 벽지 하나까지 일일이 신경을 썼다. 여성들이 많은 회사인 만큼 화분과 꽃도 많이 가져다 놓았고, 벽에다 아름다운 그림도 걸었다.

사람들은 사장이 무얼 그런 자질구레한 것까지 직접 챙기느냐고 하지만, 나는 그렇게 생각하지 않는다. 사장이 챙기지 않으면 누가 챙긴단 말인가. 우리 나라 사람들은 사장이 되면 으레 넓은 사무실에서 커다란 책상 앞에 앉아 결재 서류에 사인만 하면 된다는 식의 권위적인 모습을 당연하게 여기는 경향이 있다.

하지만 그런 식으로 사장 노릇을 한다면 그 순간부터 그들은 곧 '문의 즐거움'을 잊게 되는 것이다. '문의 즐거움'이란 어느 프랑스 시인의 싯귀절로, 왕들이 아주 사소한 일상사의 즐거움을 모르는 불행한 사람이라는 것을 뜻하는 말이다. 거동할 때마다 시종들이 일일이 거들어주니까 문을 열 때도 직접 자기 손으로 하지 못한다는 것을 빗대서 표현한 것이다.

우리 나라의 사장들은 대체로 자신들이 왕이나 된 양 행동을 하게 되는 경우가 흔한 것으로 알려져 있다.

하지만 세계적으로 유명한 기업의 사장들은 어느 누구도 그런 권위에 사로잡혀 있지 않다. 세계적인 기업가이며 경영의 귀재라고 불리는 일본의 마쓰시타 고노스케는 손수 사무실 청소를 하면서 솔선수범을 보인다고 한다. 사장이 되면 허드렛일은 밑의 사람들에게 시키고 자신은 보다 큰일을 해야 한다고 생각하는 사람들이 많다. 그것이 고효율적이라는 이유에서다. 하지만 나는 회사 일에는 허드렛일이라는 것은 결코 없다고 생각한다.

지금까지 내 경험에 비추어 보면 중요한 일들은 모두 허드렛일부터 시작되었다. 손발을 움직이지 않으면 머리가 제대로 돌아가지 않는 경우와 마찬가지이다. 또한 사장이 허드렛일을 챙기는 솔선수범을 보여야 자연스레 사원들이 따르는 것이다. 이는 경영자로서 회사의 구성원인 사원들이 마음써야 할 것이 무엇인지를 말로써가 아니라 몸으로 보여주는 것이기도 하다.

앞서 이야기한 것처럼 군산 지사의 사무실 인테리어를 위해 나는 몇 번이나 서울과 군산을 오르내리며 일일이 사무실 상태를 점검했다.

그렇게 준비한 사무실이라 그런지 우리가 임대해 있는 빌딩 관리인은 "앞으로 인성이 크게 발전해 이 빌딩 전체를 다 임대했으면 좋겠다."는 말을 했을 정도이다. 우리 회사가 사회 어느 분야에서든 모범이 되는 기업이 되어야 한다는 게 내 지론이다.

　군산 지사의 공식 오픈 행사 중 가장 중요한 것은 군산 지역의 가난하고 아픈 사람들에게 우리 회사의 제품을 기증하는 일과 아주 적은 돈이지만 기부를 하는 일이었다. 나는 우리 회사가 가는 곳마다 그 지역의 불우한 이웃을 위해 봉사하기로 마음먹었다. 이는 내가 기업을 경영하면서부터 정해 놓은 원칙이다. 지역 사회에서 돈을 벌었으면 반드시 환원을 하자는 것이다. 지역 사회가 존재해야 기업도 존재하는 것이 아닌가. 그것에 대한 일종의 보답인 셈이다. 나는 항상 지사를 설립할 때는 지역 사회를 위한 봉사를 우선적으로 내세웠다.

　나는 그 목표를 지사 설립을 통해 어느 정도 실현해 가고 있다. 리더 훈련을 받은 많은 사람들이 전국에 있는 우리 회사의 지사에 지사장으로 활동하고 있다. 또한 나는 지사를 통해 기업 이익을 사회에 환원하려고 노력하고 있다. 그 지역민들을 사원으로 뽑아 리더 양성 교육을 시키고, 지역경제 발전에 도움을 줄 뿐 아니라 그 지역의 소외된 이웃을 돕는 일이다. 지사를 설립하면, 가장 먼저 하는 일이 그 지역에서 우리 기업의 할 일이 무엇인가를 찾는 일이다. 이제껏 여러 지역의 지사를 설립하면서 가장 먼저 한 것은 그 지역에 우리가 도움을 줄 이웃을 찾는 일이었다. 보육원이나 복지 시설과 지사가 자매 결연을 맺고 그들을 지속적으로 돕는 것이다. 부산 지사의 목표는 부산지역의 마약이나 알콜 중독 등 약물 중독자들을 퇴치하는 것으로 목표를 삼았다. 뿐만 아니라 미혼모 보호와 기아대책도 전 회사 차원에서 펼

칠 예정이다.

　이날 군산 지사 오픈식에서는 장애인 단체에 1백만 원의 성금과 5백만 원 상당의 제품을 기증하기로 계획했다. 그런데 막상 행사를 시작하려는 데, 1백만 원을 준비하기로 한 경리 사원이 그 돈을 미처 준비를 못했다며 난감한 표정을 지었다. 현지에서 돈을 찾으려 했었는데 그 날이 휴일인 것을 미처 생각지 못했다는 것이다.

　평소에 현금을 가지고 있지 않은 나는 무척 당황했다. 그런데 다음 순간 문득 전날 저녁 한 간부가 은행 시간이 지나 미처 입금시키지 못한 1백만 원을 경호업체에 지불하려고 그대로 핸드백에 넣었던 사실이 떠올랐다. 나는 핸드백을 열어 손으로 돈 봉투를 찾았다. 반가운 손님처럼 봉투가 만져졌다. 그 덕분에 기부금 전달은 무사히 마칠 수 있었다.

　그것으로 모든 공식 행사가 끝났다고 생각했는데, 사회자가 아직 마지막 순서가 남아 있다는 이야기를 꺼냈다. 무엇인가 의아해하고 있는데, 곧이어 나와 부사장을 앞으로 나오라고 하는 것이 아닌가.

　감사패를 전달하겠다는 것이다. 어리둥절하고 있는 사이에 직원들의 박수가 터져 나왔다.

　아침에 차 안에서 좋을 일이 있을 거라던 국장의 말이 떠올랐다. 순간 감동에 전율했다. 그간 회사를 꾸려 오면서 겪은 온갖 어려움이 한순간에 씻겨 내려가는 것 같았다. 한편으로는 내가 이 감사패를 받을 자격이 있는지 생각해 보았다. 아무래도 이건 지금까지 잘해서가 아니고 앞으로 잘하라는 격려의 채찍으로밖에 생각이 들지 않았다.

저녁에 서울로 올라와 잠자리에 들 때까지 감동은 가실 줄 몰랐다. 그리고 하루 일을 정리하면서 뜻밖의 생각도 떠올랐다.

아침에 경호회사에서 오기로 하고 오지 않은 일이 그냥 예사로운 일 같지가 않았던 것이다. 곰곰 생각하니 오늘 군산 장애인들 돕기 위해 1백만 원이 필요했는데, 그곳에 긴요하게 쓰라는 하나님의 계획 같다는 생각이 든 것이다. 만일 경호업체에서 왔더라면, 기부할 순간에 당황하고 어쩔 줄 몰라했을 나를 생각하니 정말 다행이라는 마음이 들었다.

사람의 일이 반드시 사람의 힘으로만 되는 것이 아니라는 확신감이 들었다. 우리는 모르지만 보이지 않는 힘에 의해 움직여지는 일이 많은 것이다.

소박한 사장의 꿈

나는 아직도 꿈이 많다. 흔히 마흔다섯이면 꿈을 접을 때라고 생각하지만, 아직도 하고 싶은 것이 많고 되고 싶은 것도 많다. 생리적인 나이와는 상관 없이, 항상 꿈을 꾸는 것이다. 꿈을 꾸는 동안은 강물같이 흐르는 세월도 내 앞에서 무색하다.

마흔 넘어 바이올린을 배운 언니가 교향악단 단장이 된 것을 보면서 음악 연주가가 되는 꿈을 꾸기도 하고, 가끔은 전설 같은 사랑의 주인공을 꿈꾸기도 한다. 꿈을 꾸는 사람은 아름답다. 무한한 창조의 가능성을 가지고 있다. 또한 꿈을 꾸는 사람만이 자신의 꿈을 이룰 수 있다. 그러므로 한 사람의 미래는 그 사람이 꿈꾸는 대로 이루어진다고 믿는다.

마인드 컨트롤은 자신이 마음먹은 대로 자신의 능력을 개발하는 것이다. 꿈을 꾸는 것은 자신의 삶을 마인드 컨트롤 하는 것이다.

꿈이 많았던 나는, 꿈을 실현하기 위해 최선의 노력을 했고, 그 결과 어느 정도 꿈을 이루었다고 자부한다. 기업을 통해 많은 사람들의 잠재 능력을 일깨워 개발하고, 그들을 리더로 양성하는 꿈, 가난하고 소외된 사람들과 더불어 행복을 추구하는 꿈은 지금도 지속적으로 이루어지고 있다.

가정과 나라, 자연을 생각하고 정신이 살아있는 리더 양성을 기업 경영의 가장 큰 목표로 세우고, 그것을 무엇보다 우선해 실천했다. 기업을 하는 사람으로서 기업의 이윤보다 리더 양성에 치중한다니까 처음에는 색안경을 끼고 보는 사람들도 있었지만, 내 진실을 느낀 사람들은 나와 함께 뜻을 같이 했다. 그 결과 우리 회사의 많은 인력들이 훌륭한 리더로 변화되었고, 그들이 자신의 삶을 변화시키는 것은 물론이고, 가정에서 사회에서 큰 역할을 해내고 있다.

우리 사회 구성원 모두가 올바른 생각을 가진 리더가 된다면 우리 사회가 얼마나 풍요롭고 아름다울 것인가. 그런 리더들이 보다 많이 양성되면 우리 나라가 얼마나 좋아질 것인가.

그런 차원에서 나는 내 인생의 마지막 꿈을 교육 사업으로 정했다. 이제는 기업 차원에서 인재 양성하는 데 그치지 않고 국가적 차원에서 인격과 능력을 겸비한 인재를 양성하는 것이 우리 나라의 미래를 위해 매우 중요한 일이라는 생각 때문이다.

부존 자원이 없는 우리 나라가 국제 사회에서 앞서 나가려면 무엇보다도 인재 양성이 가장 중요하다. 우리 나라의 인적 자원은 우리가 농경 사회에서 근대 산업 사회로 전환하는 데 가장 많은 기여를 했고,

앞으로도 우리 나라의 가장 높은 경쟁력은 훈련된 인적 자원이 될 것이라고 생각한다.

인격과 능력을 겸비한 인재에 우리의 미래가 달려 있는 것이다. 요즈음 같이 어려운 시기에 국제 사회에서 원하는 훌륭한 리더가 많이 양성된다면 우리 나라의 미래는 더욱 밝아질 것이다.

지금까지 우리는 근대화를 이루는 과정에서 많은 혼란과 혼동을 겪었다. 인격은 갖추었으나 능력이 없거나, 능력은 있으나 인격이 상실된 지도자와 책임과 의무를 다하지 않는 리더들로 많은 사회문제가 야기되었고, 국민들의 불평불만은 늘어만 갔다. 그 과정에서 많은 사람들은 절망감과 열등감을 맛보았고, 패배주의에 젖기도 했다. 많은 지도자들의 부정부패 스캔들이 터지면 국민들의 좌절감은 패배주의로 이어졌다. 우리는 안 된다는 부정적인 시각과 절망은 IMF라는 아픈 현실을 맞으면서 더욱 골이 깊어졌다. 많은 사람들이 그로 인해 삶의 터전을 잃고 말았다.

그 현실을 관통하면서 나는 우리 나라가 잘 되는 방법은 인격과 능력을 갖추고 책임과 의무를 다하는 리더들이 있어야 한다는 생각이 더욱 강하게 들었다. 우리 회사는 십 수 년간 기업 이익보다는 리더 양성에 더 힘을 기울였다. 그 결과 IMF라는 국가적 위기 속에서도 우리 회사는 끄떡하지 않는 저력을 발휘했다. 많은 인재들이 어려움을 극복할 수 있는 원동력이 되었던 것이다.

이런 경험을 바탕으로 나는 우리 나라의 미래를 위해 인재 양성 전문학교 설립을 계획하고 있다. 지금 안 된다고 고민할 것이 아니라 교육과 훈련을 통해 많은 인재들을 양성하면 그 인재들에 의해 아름다운 미래가 만들어진다고 믿기 때문이다. 책임과 의무, 인격과 능력을 겸비한 리더를 양성하는 것은 불평불만으로 이루어지는 것이 아니다. 교육만이 바꿀 수 있다.

그러기에 내가 먼저 인재 양성 전문학교를 설립해 인재 양성에 앞장설 예정이다. 학교를 졸업하는 사람들이 훌륭한 리더가 되어 사회를 바꾸는 데 힘이 될 수 있도록 하기 위함이다. 아울러 교사나 기업 경영자나, 정치인 등 사회를 이끌어가는 지도층에서 자신들이 처해 있는 그 자리, 그 위치에서부터 인재 양성을 할 수 있는 교육 프로그램을 만들어 모든 현장에서 리더 교육이 이루어질 수 있도록 하고 싶다.

지금 나는 월급 5백만 원짜리 사장에 불과하다. 그러나 나는 1억 원 연봉을 받는 사장 부럽지 않다. 나의 경영 이념이나 기업문화 등이 어떤 회사와 비교해도 조금도 뒤떨어지지 않기 때문이다.

내 스스로 한 알의 밀알이 되기를 소망한다. 그 밀알은 곧 인재 양성 전문 학교라는 커다란 결실을 맺을 수 있으리라 소망한다.